EFICIENCIA EN LA GESTIÓN
DEL CAMBIO ORGANIZACIONAL

EFICIENCIA EN LA GESTIÓN DEL CAMBIO ORGANIZACIONAL

Hernán Garretón Labbé

Santiago

2025

Eficiencia en la Gestión del Cambio Organizacional
©Hernán Garretón Labbé
Registro de Propiedad Intelectual N° 2025-A-3599
ISBN: 978-956-420-903-6
Santiago de Chile. Junio 2025.
Diseño de portada: Renata Garretón Valle
Maquetación: Javier Orrego C.
Impreso en Santiago de Chile

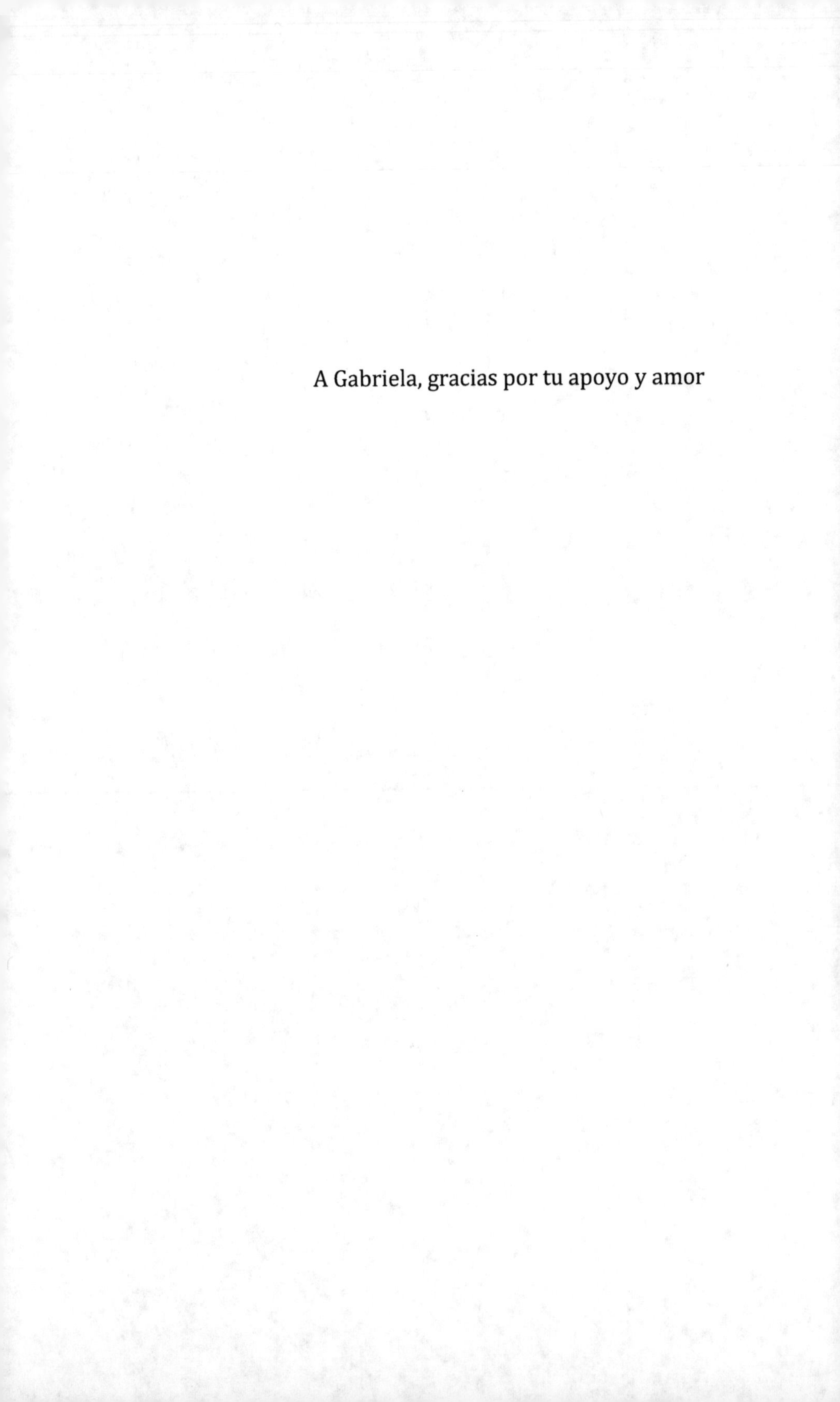

A Gabriela, gracias por tu apoyo y amor

ÍNDICE

INTRODUCCIÓN

Como se puede revisar en los dos casos que presentaremos un poco más adelante, algunos proyectos parten con un gran propósito y grandes energías, pero se subestima la complejidad de los procesos en que los usuarios tienen que cambiar su manera de hacer las cosas, su comportamiento, para adoptar una nueva forma. A este tipo de proyectos se les denomina "**proyectos de gestión de cambio**", o quizás "**proyectos con gestión de cambio**", porque se diferencian de aquellos proyectos que, pudiendo implicar una gran inversión y grandes cambios, pero no afectan a los usuarios o los afectan de un modo muy poco significativo. Por tanto, no requieren gestión del cambio psico-técnico, sino únicamente un cambio técnico, que es más predecible y lineal. Retomaremos posteriormente la explicación de esta diferencia entre proyectos por ser muy relevante.

Este libro no pretende resolver ni tratar exhaustivamente la complejidad de los diferentes proyectos con gestión de cambio, ni tampoco detallar todas las formas de gestionar con eficiencia proyectos que requieren gestión de cambio, es sólo un aporte a la comprensión del enorme desafío que implica lograr eficiencia en este tipo de proyectos.

Como todos sabemos, el hecho mismo del cambio es un fenómeno permanente y omnipresente. Como decía Heráclito: *Panta rei*, todo fluye, "nunca nos bañamos en el mismo río". Todo está cambiando permanentemente. Pero no todo al mismo ritmo, a veces los cambios son graduales y adaptarse es más fácil; pero a veces son rápidos, violentos, y adaptarnos implica incertidumbre y resistencias. Además, las personas y las organizaciones tienen distintas tolerancias al cambio. A veces éstos son intencionados, proactivos, y otras veces las contingencias nos sorprenden y nos obligan a reaccionar o a morir en el intento, como ocurrió en la pandemia. Los cambios nos fuerzan a adaptarnos porque desafían la sobrevivencia de las organizaciones y la empleabilidad laboral. Por tanto, los resultados de estos pueden ser funcionales o disfuncionales para las personas o las organizaciones. No todos los proyectos de cambios son iguales, en algunos es importante para su éxito que los usuarios lo adopten y lo utilicen en su propio beneficio y en el de la organización.

Por otro lado, siempre conviene aclarar que lo que nos interesa más es la eficiencia, el cambio intencionado y planificado, el que busca que las organizaciones sobrevivan y prosperen. Porque el cambio reactivo es desesperado e inevitable si se quiere sobrevivir. Aunque planificar es una cosa y lograr que esa planificación cumpla su propósito es otra muy distinta. También debemos responder después: ¿era esto lo que queríamos lograr? ¿Cuánto nos costó llegar? ¿Valió la pena el esfuerzo? ¿Estamos realmente mejor ahora que antes? ¿Qué aprendimos?

En este libro analizaremos cómo evaluar y cómo cuidar la eficiencia de los proyectos que requieren gestión de cambio para conseguir que sean un real aporte a la organización y faciliten su sobrevivencia. Revisaremos cómo hacer para controlar que los planes se cumplan lo más ajustadamente posible, de modo de poder alcanzar los resultados esperados sin grandes desviaciones. Por consiguiente, la evaluación tiene un doble beneficio: calcular el aporte o el retorno y controlar las desviaciones en el proceso de cambio.

Hay que aclarar que, en nuestra opinión, la implementación de Proyectos con Gestión de Cambio tienen una equivalencia con los Proyectos de Desarrollo Organizacional, dado que esta última disciplina también pretende realizar cambios planificados, intencionados, con una mirada socio-técnica que facilite una mejor adaptación de la organización a su medio, lo que implica el cambio de creencias y de comportamiento de las personas.

A continuación mostraremos dos casos reales en que nos tocó participar, ambos con desafíos adaptativos diferentes.

[**Nota:** Se entiende que las láminas o tablas insertas en este libro en que no se cite expresamente la fuente, han sido desarrolladas por el autor.]

CASOS

La instalación de un ERP

Un grupo empresarial compuesto por siete empresas relacionadas al retail, supermercados, almacenes y gasolineras de regiones. El grupo ha crecido en forma muy acelerada e inorgánica en la última década. El control de la propiedad pertenece mayoritariamente a una familia cuyos miembros conforman todos los directorios. Recientemente esta familia ha sufrido un cambio generacional, entrando al negocio una segunda generación, los hijos de fundador. Tres de cinco directores son de la familia controladora y son más jóvenes que sus predecesores, los otros dos directores son profesionales nuevos en el grupo. Los nuevos directores son de la opinión que cada una de las empresas tiene sus propios sistemas de control de gestión. Esto hace que sea muy difícil para los nuevos directores y dueños unificar y consolidar la información de gestión en forma rápida y confiable. Cada empresa ha sido, hasta la fecha, como un feudo relativamente independiente dirigido por gerentes que llevan años en el grupo.

Muchos de los anteriores creen estar haciéndolo bien y contaban con la confianza del fundador. Por tanto, son reacios a entregar información más detallada a los nuevos directores sobre la marcha de las empresas que dirigen, por lo que los datos les llegan a estos últimos con mucho retraso y en formatos distintos, provocando que existan dudas razonables sobre su confiablidad. La información es procesada en planillas MS Excel por grupos de asesores distintos al interior de cada organización, los que utilizan criterios diferentes para realizar los informes.

A los seis meses de asumir la nueva junta directiva se nombró, por consejo de un consultor, a un nuevo gerente general y a nuevos gerentes corporativos en la matriz. La mayoría de ellos provenían de otras empresas similares, pero de fuera del grupo, con estilos de gestión y una cultura organizacional diferente, lo que ha generado discrepancias y algunos roces con los gerentes de las filiales, surgiendo una velada rivalidad entre ambos grupos. Los nuevos directores no quieren cambiar a estos gerentes generales, en parte porque el fundador sigue vivo y porque necesitan tener más datos para tomar la decisión de los cambios.

Al año se decide cambiar los distintos sistemas de control por un único ERP o software que ayuda a gestionar todas las actividades de una empresa (*Enterprise Resource Planning*, Planificación de Recursos Empresariales en español). La idea es instalar este ERP con todos sus módulos en seis de las siete empresas. Esto porque una de ellas ya tiene instalado este mismo ERP. El propósito es hacer más homogénea, integrada y rápida la recolección de la información y optimizar la gestión. Este sistema ya ha sido probado con éxito en empresas más grandes, pero no en empresas de este tipo. El nuevo sistema promete homogeneizar la información de gestión, tener los datos casi en línea y, adicionalmente, homologar los procesos internos, que debieran ser similares en varias de ellas ya que hacen lo mismo, pero en distintas zonas del país. Para instalar el ERP se recurre a la empresa dueña del software y no a instaladores autorizados con más experiencia. El consejo de los instaladores del ERP es: "Si quieren aprovechar todas las ventajas del software tienen que adaptar sus empresas al sistema y no el ERP a las empresas". Esto conlleva un cambio profundo en la forma de hacer las cosas, porque implica no sólo instalar un software y enseñar a sus trabajadores a usarlo, sino modificar muchos procesos comerciales y operativos, entre otros.

El nuevo gerente general del grupo elige un gerente de proyecto de su confianza, y que cuenta también con la confianza de los nuevos ejecutivos. Éste se ha caracterizado en el pasado por su coraje y capacidad de sacar adelante proyectos difíciles. Sus adversarios al interior de las empresas le critican aduciendo que es poco empático y diplomático. Sus partidarios opinan que es ejecutivo, exigente y justo. Se le ha puesto la meta de que en un máximo de un año haga caminar todos los subsistemas que incluye el nuevo ERP. Esto implica cambiar el 90 % de los sistemas de seis de las siete empresas del grupo. El jefe de proyecto decide que la puesta en marcha, por razones de coherencia en la información, será sin marcha blanca y en todas las empresas.

Este gerente de proyecto decide designar un pequeño equipo asesor, cinco personas de confianza que se caracterizan por ser leales, valientes y extremadamente ejecutivas. Se les apoda "el circulo de hierro". De afuera se les ve como verdaderos "soldados" del jefe de proyecto, gozando con su total apoyo para hacer lo que sea necesario —aun cuando siempre dentro de los marcos de la ética— en función de lograr los resultados exigidos.

Bajo este equipo directivo se forman diez equipos con personas seleccionadas cuidadosamente en las seis empresas y relacionadas con los distintos módulos del ERP. En general son jefaturas intermedias y profesionales de destacada trayectoria que saben mucho de los procesos de cada compañía. Casi no participan en el equipo subgerentes, y menos aún gerentes de las filiales. A ellos que se les suman otros expertos externos en cada uno de los módulos que son propuestos por la empresa dueña del ERP. Todos ellos son dirigidos por el jefe de proyecto y por un jefe que pone la empresa dueña del ERP. El directorio promete que no se va a remplazar a estas personas después del proyecto, ya que al cabo del año volverán a sus puestos.

Se designa también un pequeño equipo de gestión del cambio. Lo primero que hace este equipo es elaborar un plan para medir la percepción de impactos en los distintos interesados externos. De este modo se planifican entrevistas a representantes de entidades públicas, municipalidades e instancias políticas. Se hace lo mismo con los interesados internos, como los representantes de los sindicatos y de los gerentes y subgerentes, y se establecen grupos focales para el personal en general. Los resultados se comparan con los impactos reales.

Este análisis genera tres planes:

1) Un plan de comunicaciones con mensajes para cada segmento de interesados externos e internos en cada etapa. Se crea un boletín mensual de información de los avances del proyecto, diarios murales y algunas reuniones informativas sólo para los gerentes y subgerentes de las seis empresas.

2) Un extenso plan de entrenamiento para los 6.000 trabajadores usuarios del ERP.

3) Un plan para gestionar el impacto en los actores externos e internos más relevantes.

El equipo de gestión del cambio trata de involucrar al nuevo gerente corporativo de gestión de personas, que también es nuevo en el grupo. En un comienzo, éste se muestra interesado en apoyar al equipo de gestión de cambio, pero luego se sale del proyecto de cambio y levanta un proyecto paralelo de nuevos valores corporativos para todo el grupo. Este nuevo proyecto compite fuertemente en recursos y tiempo con el proyecto del nuevo ERP.

El proyecto parte con un gran evento interno de "lanzamiento" o *Kick-off*, en que participa todo el equipo de proyecto, además de todos los gerentes y subgerentes de las empresas del grupo. El gerente corporativo explica los alcances del proyecto y pide toda la colaboración posible.

Si bien nadie dice nada abiertamente, existen muchas dudas entre los gerentes y subgerentes de las seis empresas involucradas sobre los impactos que traerán los cambios de este proyecto tanto para el servicio al cliente como para el personal.

Luego se organizan una serie de reuniones con algunos actores claves, como entidades reguladoras, municipalidades y sindicatos, para informarlos del proyecto y conocer sus dudas. Sólo uno de los dirigentes de los siete sindicatos conoce el ERP y se muestra preocupado por el estrés que implicará aprender a usar el ERP entre sus asociados.

Con el pasar del tiempo crece la inquietud entre los gerentes y subgerentes de las empresas, en especial de los más antiguos, en relación a los avances del proyecto y su impacto en los procesos de las empresas. Esto debido a la información indirecta que les llega de sus jefaturas intermedias que participan en el proyecto.

El involucramiento de los gerentes y subgerentes de las empresas sigue siendo bajo. Y si bien en los primeros seis meses se han realizado dos reuniones informativas de avance, éstos sienten que no han sido considerados en las decisiones de las empresas que dirigen y no pocos piensan que se han rediseñado mal los procesos de negocio de sus empresas. Sienten que todo se ha hecho sin consultarles, lo que indirectamente empieza a afectar la calidad y la oportunidad de la información que es entregada a los miembros del proyecto.

La puesta en marcha del ERP se posterga dos veces durante dos años consecutivos, lo que genera más incertidumbre. Además, el retraso implica una importante renegociación de costos con la empresa dueña e instaladora del ERP, lo que tensiona y deteriora las comunicaciones entre el jefe de proyecto y el jefe nombrado por la empresa proveedora. Finalmente, este último sale del proyecto y es remplazado por una persona de más experiencia, quien tampoco logra mejorar la comunicación entre el jefe de proyecto y los implementadores.

Por otra parte, el equipo de proyecto se ve muy presionado por cumplir los plazos y los jefes de los equipos de proyecto empiezan a ocultar los problemas al líder del proyecto. Pese a ello, se sigue informando de los avances del proyecto a través de diarios murales y del boletín mensual.

Cuando la capacitación está en un 75 % de avance, se capacita a tutores que apoyarán a los usuarios trabajadores en el aprendizaje de cada módulo en cada una de las empresas. La capacitación resulta estar adelantada al comienzo de la partida del ERP en seis meses, lo que implica una cierta curva de olvido.

Finalmente, el proyecto parte con grandes dificultades después de cuatro años. En la práctica, el día de entrada en funcionamiento del nuevo ERP se desconecta el 90 % de los viejos sistemas y entra a funcionar el nuevo. En el proceso se producen graves errores de facturación por problemas del ERP. Lo anterior es acompañado por la lentitud en el funcionamiento de los sistemas y por la inexperiencia de los empleados usuarios de los subsistemas a pesar de la gran inversión en capacitación que se hizo. Como consecuencia de todo lo anterior, las cajas y sistemas funcionan con intermitencias y errores, el personal de atención no muestra manejo de los nuevos sistemas, generándoles estrés, las bodegas no reponen adecuadamente los productos y se producen largas colas en las cajas, lo que genera muchos reclamos de clientes insatisfechos. En consecuencia, se pierden muchos productos y se van muchos clientes.

Además del atraso en la cobranza, el grupo pierde el 40 % de su valor bursátil. El jefe de proyecto es despedido a los pocos meses. El gerente general del grupo renuncia a los ocho meses y la mayor parte de los gerentes corporativos dejan sus cargos después un año. Lo mismo sucede con algunos gerentes de las seis empresas. El 70 % del equipo de proyecto es despedido o se va del grupo al año de la entrada en operación del nuevo sistema.

En estas circunstancias se nombra a un nuevo equipo de gerentes corporativos, la mayoría de la única filial que había implementado el mismo ERP años antes, pero que no había participado en el proyecto. Con mucho esfuerzo, este nuevo equipo de gerentes corporativos logra, luego de cuatro años, después de aplicar un plan de contingencia, que el nuevo sistema se estabilice. Hoy el proyecto está funcionado con cierta normalidad y ya se han hecho las primeras actualizaciones. Además, los indicadores de servicio mejoran y el valor bursátil del grupo se recupera. Los costos finales del proyecto se multiplicaron por cuatro.

Al cuarto año los miembros de la familia controladora están muy peleados y deciden vender sus acciones a una empresa extranjera.

La fusión de dos bancos

Un grupo económico conocido por tener la competencia clave de agregar valor a su portafolio diversificado de negocios, posee un Banco "A". En el país hay cinco bancos más que controlan el 90 % del mercado. El grupo dueño del Banco "A" toma el control de uno de estos otros bancos a través de una agresiva compra de acciones, que se conoce como una OPA. A este banco lo denominaremos "B"

Ambos bancos tienen clientes y productos relativamente distintos, siendo, por tanto, complementarios. El Banco "A" apunta principalmente a clientes de nivel socioeconómico alto y a empresas, teniendo algo más de 3.000 empleados.

El Banco "B" está orientado a clientes de nivel socioeconómico medio y tiene cerca de 4.000 empleados.

Para lograr sinergias se necesita homologar procesos y estructura, y reducir costos. Los dos bancos tienen una importante cantidad de sucursales en todo el país, aunque en los últimos años éstas se han reducido debido a la automatización y a los canales virtuales.

La decisión de la fusión está tomada, pero aún no se le comunica a los empleados y clientes. Los directores informan de la decisión a los gerentes de ambos bancos. Uno de los gerentes generales queda como Presidente y el otro como Gerente General.

Luego se crea un comité líder de la fusión, conformado por los gerentes de los bancos "A" y "B", el que elabora una visión que dice: "Unirnos para crecer y aprovechar las ventajas complementarias para dar un servicio de excelencia a los clientes". En principio este comité líder funcionará semanalmente con todos los gerentes de ambos bancos.

Algunos gerentes están muy inquietos porque creen que el servicio puede decaer, y como la industria bancaria es una muy competitiva temen que la fusión de los bancos puede afectar el negocio.

Dependiente del comité líder de fusión se forma un equipo de proyecto integrado por algunos subgerentes y jefes de áreas de apoyo, además de consultores externos expertos en fusiones y adquisiciones, tanto en lo legal como en los aspectos operativo y comercial. También se crea un equipo de gestión de cambio, que está conformado por un encargado de comunicaciones internas y externas, uno de capacitación y uno de cultura, más un par de consultores expertos en gestión de cambio externos.

El equipo de gestión de cambio comienza por elaborar un mapa del compromiso de los actores más relevantes, como los gerentes, subgerentes y jefes de grupo de ambos bancos, identificando a los más entusiastas con el cambio y a los que podrían presentan mayores resistencias. Se hace plan de reuniones de comunicaciones para los subgerentes, lideres de grupo y jefes de sucursal. Este plan de reuniones de comunicación e involucramiento funcionará quincenalmente con una lógica de reuniones en "cascada" de comunicación descendente y luego ascendente. Son reuniones primero a nivel de gerentes con subgerentes, luego de estos últimos con los jefes de sucursal. Posteriormente los jefes de sucursal deben reunirse con los empleados de cada sucursal. Estas reuniones se hacen cada quince días. Primero se baja la información y luego se da un espacio acotado de conversación donde los empleados pueden plantear sus comentarios y dudas, que son registradas en breves informes. Estos informen son subidos al comité líder a través del encargado de comunicación del equipo de gestión de cambio. El plazo para realizar la "cascada" es, como máximo, de tres días considerando los distintos niveles. Previamente se ha entrenado a todos los jefes que participan en el sistema, tanto en cómo dirigir la reunión como en la manera de levantar las preguntas. Se les ha pedido que sólo respondan lo que saben, si no tienen la respuesta lo pueden levantar como preguntas o dudas, las que deben enviar, como dijimos, al equipo de comunicaciones, que se encargará de elaborar las respuestas. Estas reuniones de equipos en cascada se conocen como *Team Brifing*.

La marca elegida finalmente para el nuevo banco es la del Banco "B" porque, según estudios especializados, de las dos marcas ésta tiene un mejor posicionamiento y una mejor imagen entre los clientes, lo que sorprende a muchos empleados porque el grupo controlador era dueño del Banco "A" y los trabajadores de éste veían la fusión más como una adquisición que como una unión.

El proyecto parte formalmente con un evento interno de "lanzamiento" o *Kick-off* con gerentes, subgerentes, jefes de grupo ejecutivos y el equipo de gestión proyecto. También se elabora una nueva comunicación pública acerca de la fusión, incluyendo comunicados para la prensa, clientes, proveedores y entidades reguladoras.

El equipo de gestión de cambio elabora un plan de gestión cultural. Primero se hace un primer diagnóstico de las culturas de ambos bancos, identificándose que la cultura del Banco "A" es más formal, más conservadora, muy orientada a la tarea. El Banco "B" tiene, en contraste, un estilo más informal, más adaptado a los cambios.

También se hace un plan de entrenamiento para cuando se necesite capacitar a los empleados en los nuevos procesos y sistemas.

Se realizan las primeras reuniones en cascada y se levanta la inquietud que existe acerca de los posibles despidos. El gerente general desarrolla un nuevo mensaje en cascada comunicando los principales hitos del proceso, indicando que implicará un esfuerzo extra. Se comunica la nueva estructura directiva, conformada por gerentes de ambos bancos. También se comunica que los gerentes y subgerentes que no continúan saldrán con las debidas retribuciones y compensaciones.

La inquietud en las personas crece. Hay muchos rumores acerca de los despidos y de los cambios de estructura y sobre cómo se reorganizarán los equipos, en especial en las áreas de apoyo. El gerente de personal dice que el número de despedidos no está definido aún, pero que se comunicarán apenas se defina ese tema y también cómo se va a compensar. Se identifica que los trabajadores valoran su sinceridad, pero se muestran inquietos y distraídos, algunos se han puesto más competitivos y menos colaborativos, otros están muy ansiosos.

Se hace una serie mensual de grupos focales con los empleados de ambos bancos para conversar y levantar la evolución en los cambios en la cultura organizacional.

Se planifica un programa de capacitación para las jefaturas, que también están muy inquietas en relación a cómo manejar y apoyar a sus equipos en su trabajo en un contexto de mucha emocionalidad con rumores yendo y viniendo. El programa se orienta a manejar las distintas dinámicas de los equipos. Uno de los temas que más inquieta a las jefaturas es cómo comunicar los despidos. Muchos entienden que es necesario eliminar cargos duplicados, pero les preocupa despedir a colaboradores que no han tenido mal desempeño. Con este fin se les entrena para manejar diversas dinámicas psicosociales típicamente relacionadas con las fusiones de empresas; también se les enseña a despedir de forma "menos dolorosa". Todo esto reduce un poco la inquietud entre las jefaturas.

Siguen la integración de procesos y estructura. A través de las reuniones en cascada se levantan inquietudes acerca de la reorganización de las áreas, los cambios de sistemas y, sobre todo, el tema de los despidos. Con el apoyo del equipo de gestión de cambio el equipo directivo evalúa los costos en el servicio que tiene la incertidumbre. Se estima que cerca de 700 empleados de ambos bancos, serán efectivamente despedidos, en especial de áreas de staff y operaciones. Para esto se acuerda un plan que consiste en ofrecer un retiro voluntario compensado con dos sueldos por año de antigüedad a los empleados que renuncien, y un programa de desvinculación asistida o *outplacement* para los que requieran encontrar un nuevo trabajo o emprender. Si bien este plan tiene un costo importante, se estima que será menor que el costo por bajas en el desempeño que afecta tanto al servicio como a la productividad.

Se hace el anuncio del plan de retiro voluntario y finalmente se inscriben cerca de 800 empleados de ambos bancos, lo que supera los despidos estimados. Y si bien no coinciden en un 100 % con los cargos de la nueva estructura, se minimiza bastante el temor a las desvinculaciones.

Las reuniones en cascada continúan y se comunica progresivamente la nueva estructura y la redefinición de procesos. Los procesos, sistemas y estructura se van unificando gradualmente, partiendo por el área comercial y de operaciones. Se aprovecha de renovar la APP de interacción con los clientes y se implementa un plan de nueva imagen con los clientes.

También se implementa un programa importante de entrenamiento y práctica para conocer los cambios en la estructura, en los procesos y en cómo usar los sistemas que van a cambiar. Progresivamente se recupera la percepción de servicio en los clientes, así también mejoran los indicadores de productividad.

El proceso demora cerca de un año y medio. Los costos son superiores, pero finamente se logra la fusión.

Reflexiones acerca de los casos

a) Si bien los objetivos son diferentes, ¿qué diferencias se observan en la gestión de cambio en ambos casos?
b) ¿Qué cree que faltó en el Caso 1?
c) ¿Qué cree que faltó gestionar en el Caso 2?
d) Después de leer el libro vuelva sobre estas respuestas y analice en qué ha cambiado su opinión.

PROYECTOS DE CAMBIO
Y PROYECTOS CON GESTIÓN DE CAMBIO

Para evaluar la efectividad de un proyecto con gestión de cambio hay que distinguir, en concreto, qué tipo de cambio enfrentamos. ¿Se trata tan sólo de un cambio técnico? ¿Qué se requiere, para su éxito, para que los usuarios se impliquen y que usen la nueva tecnología o los nuevos procedimientos? ¿Qué se necesita para que se integren a los nuevos equipos? ¿Cómo liderarán los jefes a los nuevos equipos? Y, sobre todo, ¿es un cambio que afecta el comportamiento y/o creencias de muchos usuarios o sólo de unos pocos? Por ejemplo, cambiar un servidor o el aire acondicionado, o cambiar el sistema eléctrico y poner paneles solares, son cambios principalmente técnicos. El resultado del proyecto depende y afecta tan sólo a unos pocos usuarios que sepan usar los nuevos dispositivos y requiere de pocos aprendizajes porque la forma de instalación es conocida y el resultado y el beneficio es claro porque es definido por el proveedor. Es decir, los desafíos y resultados estarán especificados de antemano por los proveedores o los instaladores. Entonces, en este tipo de proyectos lo importante y crítico es la decisión de cuál es la mejor marca, el mejor proveedor, el mejor instalador, o cuál es el producto que tiene la mejor relación precio calidad, el mejor soporte, el que cumple sus promesas. Luego, sólo corresponde seguir sus recomendaciones. En síntesis, cuando el proyecto es sólo técnico las decisiones no conllevan mayor incertidumbre y no se requiere de mucho esfuerzo para que los trabajadores o clientes se adapten al cambio porque este los afecta poco, no necesitan cambiar la forma de trabajar.

No obstante, si el proyecto implica cambios de creencias y conductas de los usuarios, trabajadores y/o usuarios, el cambio es sociotécnico y lo llamaremos **un proyecto con gestión de cambio**. Muchas personas serán afectadas teniendo que cambiar sus comportamientos en forma permanente; muchas van a usar una nueva tecnología (soft o hard) o nuevas instalaciones o nuevos procedimientos o nuevas formas de relacionarse. En todos estos casos las personas afectadas necesitarán cambiar sus prácticas cotidianas, que están basadas en sus creencias, presunciones o construcciones compartidas, a veces muy sólidamente ancladas, lo que tiene que ver con la Cultura Organizacional. Esto es un desafío complejo porque requiere cambios a nivel individual, grupal, organizacional y, sobre todo, interrelacional. En este caso el camino del cambio es, además, más incierto e impredecible.

En este tipo de proyectos se requiere de gestión del cambio, no basta la convicción o la orden de la alta dirección, la decisión de cambiar es compartida y es responsabilidad de todos los involucrados. Es legítimo que las personas que pertenecen a organizaciones con desafíos adaptativos y con cambios que implican incertidumbre tengan miedos y distintos grados de tolerancia al estrés y, por lo mismo, distintas predisposiciones ante los cambios y distintos tipos y grados de resistencia. Entonces, el avance del proyecto con gestión de cambio requiere no sólo aprender el uso de, por ejemplo, tal o cual tecnología, o de tareas nuevas, sino construir el camino y aprender en el trayecto para lograr el aporte de valor de la organización. Porque cuando se trata de la aclimatación al cambio de las personas, ya sean trabajadores, clientes u otros, no hay una receta ni caminos estándares o rígidos, cada organización es un caso especial, es una industria distinta con una cultura organizacional diferente.

El siguiente cuadro muestra la combinación entre los desafíos técnicos y adaptativos en las organizaciones:

Situación	Tipo de cambio	Definición del problema	Ruta	Solución o beneficio	Evaluación	Responsabilidad por el trabajo	Ejemplo
Tipo 1	Técnico	Clara	Conocida	Definida previamente	Definida	Autoridad	Cambio de un hardware o una válvula
Tipo 2	Mixto técnico y adaptativo	Medianamente clara	Mayormente desconocida, más exploratoria	Requiere aprendizaje	Parcialmente definida y requiere aprendizaje	Autoridad y todos los afectados	Cambio de software o una válvula o de una caldera
Tipo 3	Adaptativo	Incierto, requiere pruebas y aprendizaje	Totalmente exploratoria	Requiere aprendizaje	Requiere aprendizaje	Todos los interesados o afectados	Cambio de gestión funcional a procesos

Combinación entre los desafíos técnicos y adaptativos en las organizaciones. Basado en Emilio Fernández, Sant Clemilg Consultores (http://santc.cl).

Como se ve en el cuadro anterior, la situación Tipo 1 es un desafío únicamente técnico en que se tiene una definición clara del problema; la solución o beneficio está definido por las especificaciones del proveedor (por ejemplo, del aire acondicionado, de un hardware, de una válvula o de una caldera). Estos cambios no requieren que muchos usuarios se adapten a una nueva forma de trabajar o a una nueva forma de interactuar de los clientes con la organización. Aquí la ruta es lineal, con pocas incertidumbres. Si elegimos bien al proveedor y seguimos sus recomendaciones no tenderemos grandes incertidumbres ni sorpresas.

En el otro extremo, la situación Tipo 3, en que el desafío es puramente adaptativo, casi todo es incierto. En este caso se requiere de muchos cambios en el comportamiento, en las relaciones y un gran aprendizaje de los trabajadores y de la organización. Se requerirán también cambios en el comportamiento de sus clientes y e incluso de sus proveedores y otros relacionados. Aquí, por ejemplo, tenemos cambios como el pasar de una administración funcional a una por procesos o una por proyectos, o de una modalidad de trabajo presencial al teletrabajo o al trabajo mixto, como en el caso del gran cambio postcrisis de la pandemia. Lo anterior requiere, entre otras cosas, cambiar las formas de control, o cambiar de la lealtad principalmente al jefe a la lealtad por los resultados o los clientes. Este desafío demanda un cambio de paradigma, pues ahora tenemos que ver a las otras áreas como clientes internos, cada una con sus propios estándares de satisfacción. Todo esto implica cambios profundos en las tareas y en las relaciones. Aquí el camino del cambio es exploratorio, implica experimentación, siendo un avance más zigzagueante, del tipo "dos pasos adelante y uno para atrás". La decisión de cambiar el comportamiento en forma permanente es más compartida, porque si el cambio se diera sólo por obediencia sería en el fondo un pseudo cambio que, además, podría ser reversible.

En la situación del Tipo 2 el desafío es una mezcla entre técnico y adaptativo, esto es muy común hoy en día, por ejemplo:

a) Implementación de un nuevo ERP.
b) Un nuevo software o APP de Recursos Humanos.
c) Un cambio de los procedimientos de atención comercial y de despacho.
d) Un nuevo sistema de locomoción colectiva.
e) Una nueva forma de pago.
f) Una fusión o una adquisición.
g) Otros muchos posibles cambios que impliquen el uso por parte de personas.

Todos estos cambios implican, en mayor o menor grado, un rediseño de la estructura y de los procesos, lo que supone una variación en la forma de trabajar y en la forma de relacionarse con los clientes, con los subalternos o con los compañeros de trabajo y/o los jefes. Como dijimos antes, se trata de que muchas personas usen la tecnología para que ésta sea útil. Las personas tienen que aprender a usarla obviamente, pero también deben cambiar previamente su disposición a hacerlo, salir de su "zona cómoda", cambiar sus comportamientos, sus hábitos y sus formas de relacionarse. Todo esto implica un cambio de creencias o de construcciones compartidas, lo que tiene que ver con la Cultura Organizacional. Por lo mismo, se requiere que las personas y la organización aprendan en el camino para no sólo adaptarse a la tecnología, sino a dejar atrás viejas prácticas hasta lograr una "nueva estabilidad".

Esta distinción es importante desde el punto de vista de la evaluación de la eficiencia esperada de un proyecto con gestión de cambio. En este tipo de proyectos el cambio es de tipo adaptativo o adaptativo-técnico. Aquí es muy necesario identificar cuáles son las creencias y construcciones compartidas que están detrás de determinada forma de trabajar y cómo estas podrían ser funcionales o disfuncionales para el objetivo que nos hemos propuesto. Estos proyectos requieren, muchas veces, de apoyo externo porque las creencias y presunciones compartidas no siempre son conscientes para los miembros de la organización.

Los proyectos con desafíos puramente técnicos siguen una ruta directa y clara. Su éxito depende fundamentalmente de la selección de un buen proveedor y de que sigamos sus recomendaciones. Los cambios adaptativos tienen una ruta más exploratoria, más zigzagueante, porque implican a las personas, trabajadores, clientes y sus complejidades. Entonces, no tienen una ruta predefinida, sólo hay grandes hitos y requieren aprendizaje compartido. En el siguiente cuadro vemos una representación gráfica de las diferencias entre el camino o proceso de los proyectos técnicos y los adaptativos que requieren gestión de cambio:

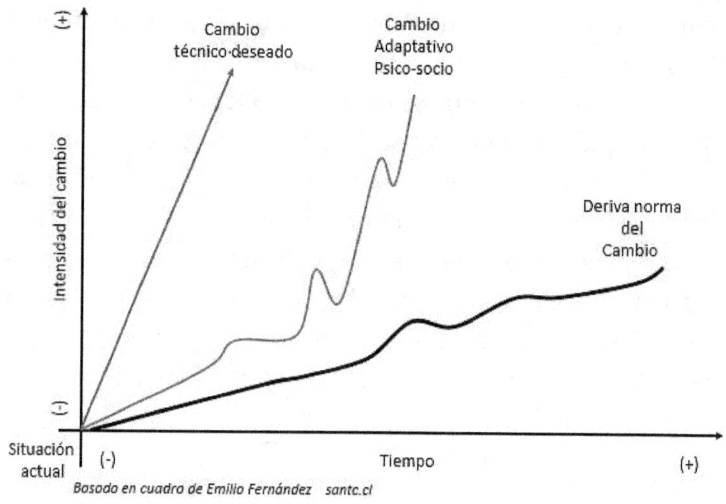

Diferencias entre el camino o proceso de los proyectos técnicos y los adaptativos que requieren gestión de cambio.

Las investigaciones muestran que para evaluar la eficiencia de los proyectos mixtos adaptativo-técnicos y puramente adaptativos es muy relevante la evaluación al comienzo y durante el proceso mismo, ya que las evaluaciones al final no son suficientes para lograr la eficiencia, debido a que los objetivos de este tipo de proyectos se van construyendo y reconstruyendo a medida que se desarrollan. Por lo mismo, la efectividad se define y redefine en un camino que está lleno de incertidumbre, pues la ruta tiene un trazado más incierto; por tanto, necesitamos definir y redefinir indicadores de avance y evaluar en forma periódica para retroalimentarnos, para aprender, para cambiar y también para corregir el rumbo del proyecto y mantener la efectividad en rangos aceptables de efectividad.

Dada la periodicidad de la medición y la evaluación, se necesita seleccionar previamente un grupo de variables o dimensiones críticas acotadas, porque es poco realista medir muchos indicadores de forma periódica. Por otra parte, el riesgo de querer monitorear muchas variables conlleva un gran esfuerzo de análisis, lo que tiene más costos y provoca que se distancien las evaluaciones y que se pierda de vista que ya nos hemos desviado.

Entre las variables claves a evaluar hay, por cierto, algunas que son comunes a todos los proyectos, pero otras son propias de los **proyectos con gestión de cambio** y deben ser seleccionadas acorde al tipo de proyecto de cambio adaptativo.

Para gestionar y cuidar la eficiencia es necesario medir durante el proceso lo que permite controlar las desviaciones. Esto significa que debemos tener una metodología de evaluación, tener encargados y hacer un plan de medición.

Podemos graficarlo en un cuadro de doble entrada en que se crucen las variables o dimensiones claves a medir con la planificación en las distintas etapas del proyecto. Además hay que planificar cómo se va a hacer y quién lo va a medir. No es necesario que todas las dimensiones o variables sean evaluadas con la misma periodicidad. Por ejemplo, entre las variables clásicas de todo proyecto está la planificación, que se puede hacer, por ejemplo, con un método clásico como la carta Gantt, o usar aplicaciones de gestión de proyectos. También está, obviamente, el presupuesto. Estas variables requieren una evaluación más periódica.

¿Qué entendemos como un proyecto con gestión cambio?

Como decíamos antes, toda organización está cambiando constantemente. En rigor, todo está cambiando siempre y muchos de los cambios que realizamos intencionadamente generan un efecto, pero no implican necesariamente un desafío adaptativo. Cabe hacerse la siguiente pregunta: ¿Cualquier proyecto de cambio es de tipo adaptativo? Creemos que no necesariamente. Lo importante es cuáles requieren de gestión del cambio y cuáles son las dificultades a la hora de su evaluación. También es importante preguntarse qué puede impedir que un proyecto logre su propósito o sea efectivo en sus resultados.

Un proyecto debe tener algunas características, tales como:

1) Un propósito claro, ojalá redactado como una visión poderosa que motive. Esta visión debe estar alineada con la estrategia de la organización.
2) Objetivos o metas definidas, con requisitos e indicadores de satisfacción o calidad.
3) Un líder del proyecto.
4) Un equipo de proyecto, ojalá compuesto por gestores internos y algunos externos que aporten una mirada experta e independiente.
5) Un plan de trabajo, un cronograma.
6) Un presupuesto de gastos y recursos.

Es el que el éxito del proyecto depende de que las personas, trabajadores, clientes u otros cambien sus creencias y comportamientos para adherir a los cambios. Se requiere además:

a) Un diagnóstico sobre qué grupos de usuarios se van a ver afectados y cómo los va a impactar en específico el proyecto. Se debe determinar cuál es su compromiso o disposición inicial y determinar cuáles podrían ser sus resistencias.
b) Un plan para la mitigación de impactos. Casi siempre hay impactos, independientemente de que los afectados estén conscientes de estos. Pero si los perciben, esto puede producir distintos tipos de resistencias, legítimas o no.
c) Un diagnóstico de la Cultura Organizacional, identificando aspectos obstaculizadores y facilitadores.
d) Un plan de comunicación e involucramiento para los usuarios.
e) Un plan de aprendizaje.

    f)   Un sistema de evaluación y control del avance del proyecto.

    g)   Otros

Eficiencia en proyectos con gestión de cambio

Si queremos evaluar la efectividad de un proyecto con gestión de cambio tenemos que identificar y priorizar en qué temas o variables vamos a poner el foco. En este sentido, tendremos que decidir en qué materias llevaremos a cabo una planificación e identificar las variables críticas que vamos a medir y gestionar, estableciendo tempranamente lo que pudiera llevarnos a perder efectividad. Habitualmente los proyectos resultan mucho más costosos de lo presupuestado originalmente Por eso es necesario entender porqué fallan y acordar qué vamos a entender por efectividad y proyectar cómo vamos a evaluar la gestión determinando qué aspectos serán claves al evaluar y controlar.

Lo primero que debemos hacer es ponernos de acuerdo en lo que entenderemos por efectividad y eficiencia. Según la RAE, **efectividad** es la capacidad de lograr el efecto que se espera, es decir, obtener el resultado deseado; la **eficiencia**, por su parte, es lograrlo, además, con los menores costos posibles. Agregar valor a los usuarios, y en el caso de las organizaciones con fines de lucro proporcionar un mayor valor para los dueños o accionistas, como también generar valor para los clientes o usuarios y para los otros interesados, como las comunidades.

No siempre es posible medir el valor final, podemos proponernos afectar significadamente otros resultados relevantes, como la evaluación del servicio de los clientes, ampliar el número de productos o reducir las pérdidas y/o los tiempos de entrega, disminuir los costos, etc.

Pues sin claridad respecto de lo que esperamos lograr, ¿cómo podremos estar finalmente seguros si llegamos a la meta? (EFECTIVIDAD) ¿Y cómo sabremos si lo conseguimos con pocos recursos? (EFICIENCIA).

Partamos por el valor final, el más difícil de alcanzar en todo proyecto de cambio. Este suele medirse cuantitativamente; por ejemplo, con el ROI (retorno sobre la inversión), el VAN (valor actual neto) u otros más sofisticados como el EDBITA, el PER o el CAC o el CHURN u otras ratios financieras o de gestión.

Es sabido que en las sociedades anónimas abiertas el valor económico de una sociedad puede ser medido por el aumento o disminución del valor total de sus acciones; en el caso de las sociedades cerradas, por el precio de compra y venta del total o de un porcentaje de éstas. En ambos tipos de sociedades el valor suele reflejarse también en los activos intangibles, así como en su reputación o su capacidad adaptativa, entre otros.

El **R.O.I.** o *retorno sobre la inversión* en inglés, es una métrica que mide la rentabilidad de una inversión. Es una técnica clásica que sirve para evaluar monetariamente un proyecto.

El Valor Actual Neto o **V.A.N.** es otro modo evaluar los proyectos. En resumen, es un indicador que representa el valor actualizado de los flujos de los egresos e ingresos originados por una inversión.

Este indicador permite determinar la viabilidad económica de un proyecto.

En pocas palabras, sin entrar en las complejidades de la evaluación de proyectos, se trata de un ejercicio que permite traer las utilidades futuras al presente descontado el interés alternativo de haber tenido ese dinero invertido en otros instrumentos financieros, comparándolo con el monto de la inversión actual. Si el valor es mayor que la inversión alternativa estamos bien, en caso contrario es mejor invertir el dinero en dichos instrumentos o acciones.

Esto es más fácil de determinar si el proyecto es técnico, pero en proyectos que requieren gestión de cambio el resultado está intermediado por la adopción del cambio por parte de los usuarios o trabajadores.

Además, el valor de un proyecto con gestión de cambio va evolucionando, mutando y se va redefiniendo en sus alcances, de modo que el **VAN o ROI** calculado previamente puede ser positivo, pero el resultado final puede ser un fracaso, por ejemplo, si no se considera la resistencia de uso de los trabajadores o clientes.

Para evitar el fracaso total o parcial es clave evaluar en el proceso, cuidando y manteniendo la efectividad dentro de ciertas desviaciones aceptables. Desde esta óptica, se requiere entender cuáles son los aspectos en que se pierde la efectividad durante el proceso de un proyecto con gestión de cambio, porque pueden estar bien planteados los objetivos en su origen, pero se puede perder toda efectividad en el trayecto.

Buscaremos entonces identificar las variables y temas críticos que hay que controlar e ir evaluando constantemente en el proceso para no perder efectividad en los proyectos de cambio y ser al mismo tiempo eficientes. La idea es medir antes, durante y al final del proyecto.

Sin duda, estos aspectos o variables pueden ser muchos porque los proyectos de cambio no son todos iguales. Hay proyectos que son de mayor magnitud o de menor alcance; y los hay que son continuos y otros más contingentes; también los hay más tecnológicos y otros más orientados a los procedimientos, etc. No obstante esta diversidad, hay que identificar y priorizar un conjunto acotado de variables o dimensiones que permitan evaluar en el proceso, de modo de no perder la efectividad.

El investigador Hans Henrik Jürgensen (2007), basándose en entrevistas con doscientos directores de proyectos de cambios en diferentes industrias en Alemania, Austria y Suiza, encontró que los principales obstáculos para la introducción de proyectos con gestión de cambio en las organizaciones son los siguientes:

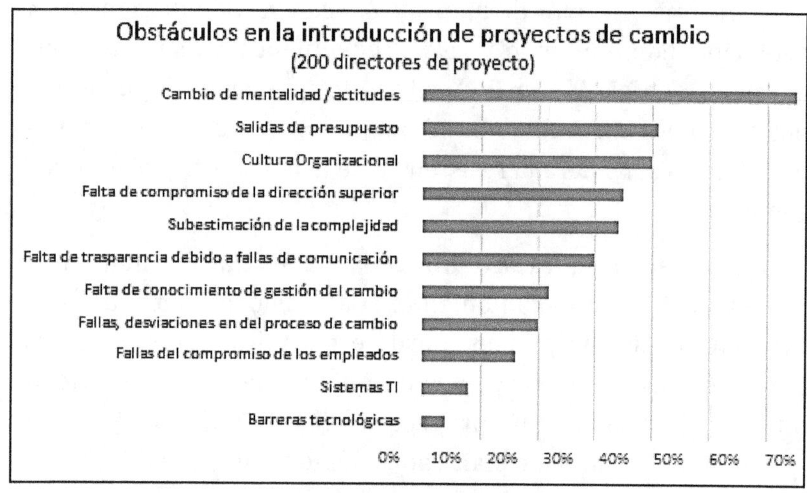

Obstáculos en la introducción de proyectos de cambio.
Fuente Jürgensen (2007).

Como podemos ver, el primer obstáculo es el cambio de mentalidad y de actitudes; luego el no cumplimiento del presupuesto, lo que puede suceder por varias razones, desde que el presupuesto fue hecho a la rápida o de manera poco realista —entre otras cosas, para no asustar al directorio—, pero también porque no se consideraron los impactos del cambio en los usuarios y los costos de su mitigación, o se subestimó el esfuerzo comunicacional y de aprendizaje, así como las resistencias relacionadas con la cultura organizacional. Este tema, junto con el compromiso de los líderes, están entre los que más se repiten, nos referiremos a ello más tarde.

Otro estudio, de Kelly Smith (2024), señala que los proyectos de gestión de cambio fracasan por:

1) Problemas de comunicación
2) Resistencia al cambio

3) Falta de refuerzo
4) Patrocinio inadecuado
5) Falta de alineación
6) Choque de culturas organizacionales

Estos estudios y otros aplicados a diferentes tipos de proyectos coinciden en algunos de estos puntos.

Hay que considerar que, como el caso del ERP, a veces se es muy ambicioso. Queremos cambiar casi todo, el cómo, cuándo y porqué lo hacemos, pero no queremos cambiar nosotros, nos resistimos a dejar atrás esas prácticas arraigadas que antes demostraron ser efectivas. Quizás lo fueron antes, pero hoy el desafío es otro. Suelen también subestimarse los proyectos que requieren gestión de cambio. El foco del esfuerzo suele estar en lo técnico, lo otro se ve como un apoyo, pero se nos olvida que el éxito no depende únicamente de la tecnología en sí, sino de que los usuarios, trabajadores y clientes la utilicen.

A continuación se revisarán distintos modelos de gestión de cambio con el propósito de identificar mejores prácticas.

John Kotter (2011), autor clásico de la gestión de cambio, plantea que una lección que debe ser aprendida a partir de los casos más exitosos es que el proceso de cambio atraviesa una serie de fases características que—aunque es un reduccionismo, porque no todos los proyectos con gestión de cambio son iguales—, son, en general, aplicables a un buen porcentaje de ellos.

Si bien estamos en una época caracterizada por la inmediatez, la experiencia nos enseña que el cambio tiene que procesarse en nuestras mentes y reflejarse en nuestras conversaciones y acciones.

Tenemos que comprender que dar pasos apresurados sólo crea la ilusión de velocidad y rara vez produce un resultado satisfactorio. Una segunda lección es que un error crítico en cualquiera de las fases puede tener un impacto devastador, enfriar el impulso del logro en pleno desarrollo y anular los avances logrados en el proceso. Esto hace pensar en la importancia de monitorear constantemente los aspectos claves en el proceso, corregir a tiempo y, sobre todo, aprender para no cometer nuevamente los mismos errores.

Luego el mismo Kotter plantea la concurrencia de determinados factores que explican la razón del fracaso de los proyectos de cambio. Entre ellos, señala como el más importante el no generar un sentido de urgencia lo suficientemente grande. Se necesita motivar, incluso crear pasión; la emoción moviliza el cambio, aún más que la razón.

Para que un proyecto de cambio arranque bien se requiere también de una "masa crítica" de actores comprometidos, que es un grupo mínimo de miembros de la organización dispuestos a crear e impulsar el cambio.

Sacar a la gente de la zona cómoda no es fácil, nos sentimos apegados a las fórmulas que antes nos han servido. Por tanto, se tiene que construir un sentido de urgencia clara y fundamentada de porqué es importante empezar a cambiar. Al menos un grupo mínimo de individuos debe comprender la urgencia del cambio y estar dispuesto a emprender acciones al respecto.

La segunda razón del fracaso, según Kotter (2011), es la incapacidad de crear una sólida coalición conductora, es decir, un equipo líder, un equipo de proyecto y un sub-equipo que ayude a facilitar el cambio. Esta coalición debe ser lo suficientemente poderosa como para movilizar al resto de la organización; su poder movilizador ha de suscitar entusiasmo por el cambio.

Para conseguirlo, la coalición conductora necesita desarrollar una imagen del futuro relativamente fácil de comunicar. Esta imagen debe ser, además, atractiva para los accionistas, para los clientes y para los empleados.

El experto señala otros pasos que es necesario dar para que el cambio se produzca.

Estos pasos quedan graficados en la siguiente ilustración:

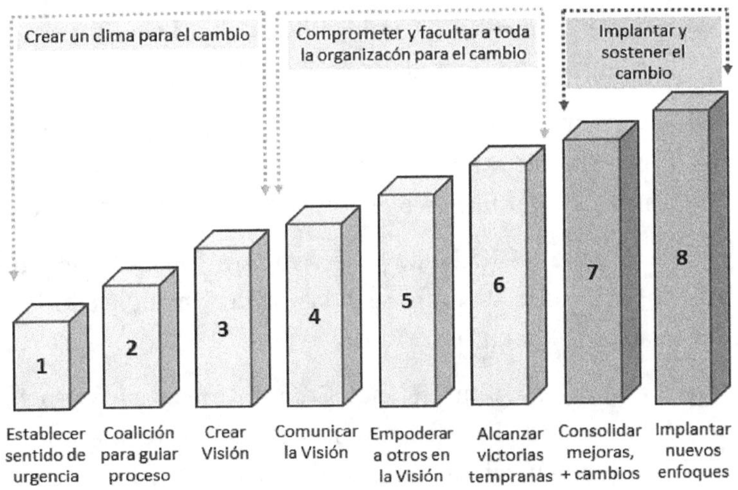

Modelo de Kotter para el cambio en ocho fases. Fuente: https://es.slideshare.net/slideshow/liderando-la-transformacin-digital-educativa/79370690

Otra buena práctica es alcanzar victorias tempranas, lo que lleva a generar esperanza. Es importante destacar y celebrar los buenos resultados, reconociendo a los responsables de estos. Esto ayuda a darle tangibilidad a los avances.

Por último, según Sirkin, Keenan y Jackson (2005), hay cuatro factores claves que determinan el resultado de cualquier iniciativa de transformación que deberíamos medir y evaluar periódicamente:

- La duración del cambio hasta que se complete el programa y se muestren sus beneficios. Los proyectos largos tienden a ser más efectivos, pero más que la cantidad de tiempo lo importante es la cantidad de evaluaciones entre revisiones de hitos.

- La competencia del equipo del proyecto. Es decir, su capacidad para completar la iniciativa a tiempo. Esto depende de las habilidades y características de los miembros en relación con los requisitos del proyecto.

- El compromiso de cambiar de la alta dirección y de los trabajadores afectados por el cambio.

- Regular el esfuerzo por encima del trabajo habitual que exige la iniciativa de cambio de los empleados. Al menos no adicionar más proyectos, como en el caso del ERP.

El modelo **ADKAR**, de la Consultora PROSCI[1], según Licardi (2023), debe su nombre a las siglas en inglés de los siguientes cinco elementos:

- *Awareness* (Consciencia). Crear interés y consciencia de la necesidad de los cambios en la empresa e informar los requerimientos necesarios para lograrlos.
- *Desire* (Deseo). Generar en los empleados un anhelo por los cambios y un compromiso para hacerlos realidad.
- *Knowledge* (Conocimiento). Brindar capacitación y guía de cómo lograr los cambios estipulados.
- *Ability* (Habilidad). Destreza para introducir los cambios con habilidad y talento.
- *Reinforcement* (Reforzamiento). Capacidad de mantener el cambio realizado y reforzarlo con el tiempo.

La **Consciencia** es el primer paso de la transformación. Se trata de darse cuenta y de tener presente las condiciones internas (baja de productividad, pérdidas económicas, mal clima organizacional, etc.) y las externas (desafíos de la competencia, cambios en las preferencias de los clientes, problemas de calidad de servicio, nuevas exigencias normativas, etc.) que nos

---

[1] Ver sitio web: https://www.prosci.com/es/
[2] Jorge Ulsen. 4 maneras de medir el impacto del cambio de manera

exigen cambiar. En esta etapa debemos salir de la zona de confort y cuestionarnos cómo estamos haciendo las cosas. Se debe tomar conciencia de las implicaciones de no cambiar.

Pero hay que ir más allá de sólo tomar conciencia en forma racional, se requiere pasión, ganas. Es decir, se necesita tener el **Deseo** de cambiar. Hay que entusiasmar e incentivar el cambio entre los trabajadores y/o los usuarios y clientes. Lo suficiente para competir con la percepción de riesgo que implican los cambios.

El **Conocimiento**. Los procesos de cambio suelen provocar incertidumbre porque no se conoce el camino, las etapas, se desconoce el "cómo me va a afectar". Por esto es necesario dar a conocer cómo se van a hacer las cosas ahora, comunicar los nuevos códigos y saberes. El entrenamiento es fundamental para disponer de los conocimientos básicos para desempeñarse en las nuevas funciones o formas de hacer las mismas cosas. También es importante entender el contexto del cambio.

Como dijimos, el desarrollo de la **Habilidad** requiere de experiencias de aprendizaje; por lo que no basta con la capacitación, hay que poner en prácticas las nuevas habilidades y conocimientos para usar las nuevas tecnologías o nuevos procedimientos. También hay que comenzar a desarrollar nuevas creencias y valores. En este proceso de aprendizaje y práctica se requiere soporte, tutores, mesas de ayuda.

Posteriormente, el **Reforzamiento** es clave. Según ADKAR, los conocimientos y habilidades pueden volver atrás si no se refuerza y monitorea su asentamiento. Hay que desarrollar hábitos, y estos requieren de tiempo para ser internalizados.

Basándonos en algunos estudios, podemos afirmar que, al parecer, los proyectos mejor pensados y que son sometidos a evaluaciones continuas —es decir, que son mejor controlados— tienen más efectividad y aportan más valor.

Finalmente, no sacamos mucho con hacer una evaluación acabada del valor del proyecto de cambio antes de comenzar si luego nos perdemos en el camino.

Evaluar el beneficio antes nos ayuda a convencer a los demás y a crear un sentido de urgencia, pero parece que evaluar y monitorear periódicamente las variables o dimensiones críticas durante el proceso del proyecto de cambio es tanto o más importante que valorar el aporte inicial del proyecto, porque muchas veces los proyectos de cambio pueden enriquecer o redefinir su valor en el proceso.

Evaluar balanceadamente la eficiencia en proyectos con gestión de cambio

Tal como dijimos anteriormente, si queremos evaluar el valor final y la efectividad de un proyecto con gestión de cambio, y hacerlo además periódicamente durante el proceso, tenemos que contar con un grupo acotado y balanceado de dimensiones o variables medibles, es decir, se necesitan **KPIs** (indicadores claves de resultados) técnicos y psicosociales. Éstas variables son a veces más difíciles de asociar a un indicador, pero siempre se puede encontrar cómo medir.

Los principios del **Cuadro de Mando Integral (CMI)** o *Balancead Scorecard*, pueden ser un aporte para evaluar equilibradamente la medición de la efectividad de un proyecto con gestión cambio que a la vez esté alineado con la estrategia de la organización.

El CMI fue planteado originalmente por Robert Kaplan y David Norton (1996) y fue diseñado para la implementación y gestión estratégica. Kaplan y Norton notaron que la pérdida de eficiencia o el fracaso de un plan estratégico no estaban determinados únicamente por el buen o mal diseño original, sino que la mayor parte de las veces durante el proceso de implementación la estrategia se centraba sólo en la medición de indicadores o ratios financieros.

Si bien estas metodologías no fueron creadas pensando en proyectos con gestión cambio, creemos que el CMI puede aportar algunos criterios a la evaluación equilibrada para estos proyectos.

Este enfoque ayuda a reducir la brecha o la pérdida de eficiencia, al evaluar un grupo de dimensiones e indicadores claves y equilibrados, evitando las desviaciones durante la implementación y hacia el final de un proyecto de cambio.

El CMI planteó originalmente monitorear cuatro dimensiones o variables prioritarias, entre las que destacan:

- **La dimensión financiera**. Es la perspectiva más clásica, quizás también la más importante, y la que genera, obviamente, mayor interés en los dueños y gerentes o directivos. No obstante, como decíamos, Kaplan y Norton criticaron que en general las empresas utilizan sólo los indicadores o ratios financieros para evaluar y monitorear la gestión del plan estratégico.

  Estos indicadores están, además, basados mayormente en la **contabilidad**, que muestra una visión del pasado pero que no siempre es tan instantánea como para dar cuenta de la marcha de una empresa. La herramienta financiera que sí proyecta el futuro es el **presupuesto**. Así, mientras la contabilidad mira el pasado, el presupuesto mira al futuro. Es decir, no hay indicadores que midan el presente. Es aquí donde entra el CMI.

  Antes de continuar hay que decir que el presupuesto debe ser, por cierto, realista. Eso es lo más difícil en un proyecto con gestión de cambio porque hay muchos aspectos que no son tan predecibles, a diferencia de un proyecto técnico, y suelen minimizarse.

Por ejemplo, considerando las medidas de mitigación de los impactos o las comunicaciones con los diferentes actores clave, como veremos en detalle después. Entonces, debemos hacer una estimación realista de los recursos para el cumplimiento de los proyectos, en especial de los que implican gestión del cambio. No suele ser fácil explicar a muchos gerentes o dueños que hay diferencias entre proyectos puramente técnicos y proyectos adaptativos que requieren gestión del cambio pues tienden a subestimar lo que cuesta cambiar los hábitos en las personas.

- Los autores del CMI agregaron también **la dimensión del cliente**. Se trata de conocer la percepción que tienen nuestros clientes o usuarios externos. Por lo tanto, es conveniente evaluar sus expectativas iniciales y estar al tanto de cuáles son los atributos de calidad más valorados por ellos o ellas y sus criterios de evaluación. También debemos evaluar sus niveles de exigencia, qué esperan ganar con el cambio, ojalá bajo criterios específicos y medibles.

Luego, en caso de que haya entregables intermedios, lo que es muy aconsejable, saber si éstos les satisfacen. De modo que hay que definir: ¿Cuáles de los resultados del proyecto de cambio son más valorados por los clientes? ¿Cuál es su nivel de exigencia y sus criterios de satisfacción? En lo posible, se trata de generar un acuerdo acerca las expectativas del resultado esperado. Esto se conoce como **Acuerdo de Servicio Esperado**, llamado **SLA** (*Service Level Agreement*). Las metodologías ÁGILES usadas para el desarrollo de proyectos incorporan retroalimentaciones periódicas acerca de los avances a partir de la opinión de los clientes. Esto permite evitar avanzar por el camino equivocado o distanciarse de las expectativas y luego tener que corregir y perder tiempo y esfuerzo.

- También incorporaron la mirada de los **procesos internos**. Analizar los procesos y subprocesos internos y sus mejoras es clave para producir los servicios y/o productos que van a satisfacer a nuestros clientes y para definir cómo los reorganizamos o cambiamos para mejorar la eficiencia en términos de los recursos utilizados y de los resultados esperados. Tenemos que preguntarnos si estos pueden ser cambiados escalablemente. En este punto algunas preguntas relevantes son: ¿Qué procesos de la empresa son los más prioritarios? ¿Qué etapas o pasos no agregan valor? ¿Cuáles son los indicadores claves (KPI) para evaluar estos procesos? Luego debemos definir cómo los vamos a monitorear periódicamente.

- Otra dimensión incorporada por los autores del CMI —quizás una de las más novedosas y relevantes, en especial en los proyectos con gestión de cambio, es el **nivel de aprendizaje conocimiento**. Esta es la dimensión más intangible de todas y engloba varios sub-aspectos fundamentales que tienen que ver con el crecimiento del llamado "saber hacer" o *know how* de la organización. Este factor, junto con la innovación, conforman elementos esenciales de la gestión del conocimiento y deben estar disponibles para su difusión dentro de la organización, de lo contrario se va de la misma por causa de la rotación.

Antes de comenzar a aplicar esta idea a los proyectos de cambio debemos evaluar si tenemos los conocimientos claves para enfrentar el desafío adaptativo que nos hemos propuesto trabajar, o bien si estamos en posesión del conocimiento experto que necesitamos incorporar, no sólo en lo técnico, sino también en las competencias psicosociales.

Cuando hemos avanzado en el proyecto, con el fin de facilitar el cambio debemos detenernos un momento para, como dice metafóricamente Stephen Covey (2013), dejar de cortar los árboles y "afilar el hacha". De modo que es necesario reflexionar acerca de lo que hemos aprendido y definir si estamos generando los conocimientos nuevos en el equipo de proyectos que permitan a todos sus miembros resolver los nuevos desafíos que aparecen en el camino; también debemos preguntarnos si estamos propiciando los aprendizajes necesarios entre los miembros de la organización para que se adapten y aprendan a manejar estos nuevos desafíos internos y externos definiendo qué aspectos requieren más innovación. Porque, en definitiva, cambiar como usuario requiere práctica, reflexión y más práctica.

A continuación, un ejemplo del CMI clásico:

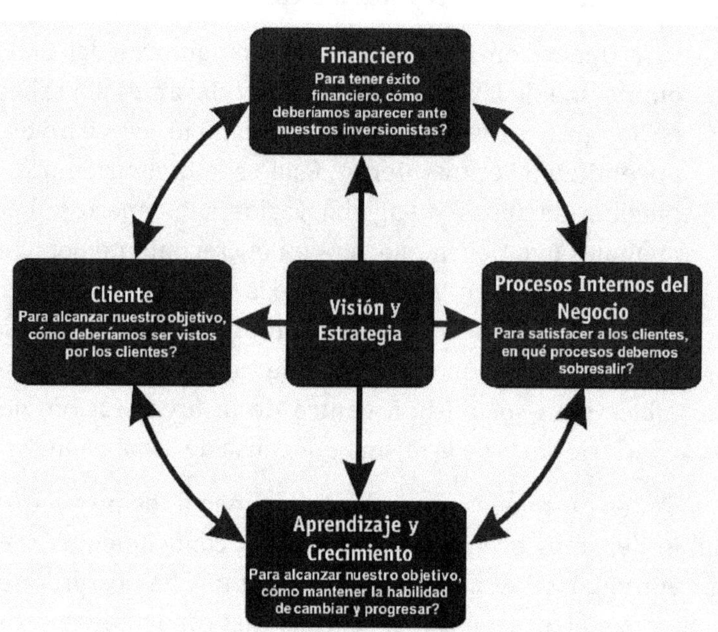

Cuadro de mando integral. Fuente: projectaconsulting.es/estrategia-y-proyectos/

El Cuadro de Mando Integral (CMI), o *Balancead Scorecard*, ha cambiado sus dimensiones con el pasar del tiempo. No obstante, creemos que esta herramienta aporta con algunas buenas prácticas que pueden ser útiles para evaluar y cuidar la eficiencia en proyectos con gestión de cambio.

Según los autores, la formulación o construcción de un CMI aplicado a gestión del cambio tiene ciertos pasos:

a. Madurar y definir una visión clara, ya que esta debe tener un efecto inspirador y a la vez contribuir a alinear a los trabajadores. Porque si no aseguramos el compromiso y el entusiasmo mayoritario, partimos mal.

b. Definir algunos objetivos para los cambios técnicos y adaptativos, balanceando las variables psicosociales y/o técnicas, de lo contrario tropezaremos repetidas veces con resistencias.

c. Los anteriores objetivos deben redactarse en formato tipo SMART, debiendo tener indicadores de medición (KPIs), lo que ayuda a cumplir con los niveles de satisfacción de los clientes o usuarios externos e internos. Esto debe hacerse con cautela ya que la forma de medirlo tiene que ser clara y práctica.

d. Definir la periodicidad en que se revisarán los indicadores. La idea es que sea en un rango cercano, dependiendo de la dimensión y la complejidad para levantar los datos.

e. Es necesario definir responsables de levantar la data y una forma confiable de alimentar con datos el sistema si tenemos software de control de proyectos.

f. Muchas veces suele suceder que el responsable de mejorar la variable sea el mismo que genera la data para medir su efectividad. Hemos visto que esto no es una buena práctica, porque puede provocar "incentivos perversos" ya que es muy probable que el que mide tenga la tentación de "maquillar" los resultados para evitar una mala evaluación. No siempre es posible separar estos roles, pero preferentemente conviene contemplar la separación de estas funciones, de modo que quien registre e ingrese los datos en un sistema de control sea alguien distinto o bien más imparcial.

g. Generar reconocimientos a los logros, el que puede ser tangible o intangible. Pero es importante comunicar los avances, celebrar y premiar los esfuerzos de las personas y de los equipos destacados.

En la cultura latinoamericana quizás es mejor reconocer a las personas en privado porque puede generar envidias en otros que también creen que han trabajado en forma importante. Lo deseable es destacar los logros y cuidar la moral, sobre todo en proyectos de largo plazo y con incertidumbre, donde hay esfuerzos extraordinarios.

Metafóricamente, se dice que es relevante "cuidar la moral de la tropa durante una larga e incierta travesía". Muchas batallas se han perdido por este factor. Colón, en su famoso primer viaje a América, enfrentó un motín por la incertidumbre que generaba el no ver la costa, lo que casi hizo fracasar la expedición. Es común que estos proyectos sean largos y agotadores para el equipo de proyecto, que tiene que sostener en paralelo el negocio o el funcionamiento de la organización y además trabajar en el proyecto de cambio.

h. Los datos deben ser presentados en formatos amigables a la lectura rápida. Es conveniente usar gráficos o tablas simples, en lo posible en formatos parecidos entre indicadores.

i. Además, es importante hacer revisiones periódicas de la marcha del proyecto de cambio. También es aconsejable evaluar el cumplimiento del plan de trabajo con realismo.

A continuación presentamos un ejemplo de un Cuadro de Mando Integral:

Finanzas	Meta	Avance	**Clientes**	Meta	Avance
Disminuir las cuentas por cobrar	-50%	-45%	Aumentar clientes	200	124
Disminuir el endeudamiento CP	-70%	-50%	Aumentar sucursales	3	2
Mejorar el flujo de Caja	50%	20%	Nuevos productos	2	1
Procesos	Meta	Avance	**Aprendizaje e innovación**	Meta	Avance
Reducir las perdidas	50%	20%	Horas de entrenamiento PP	40	35
Reducir las HH	20%	15%	Patentes nuevas	2	1
Mejorar el tiempo de producción	30%	10%	Formalización de procesos	5	6

Ejemplo de CMI. Fuente: Desarrollo del autor.

La construcción de indicadores de eficiencia para los proyectos con gestión del cambio

Como se puede ver en los casos planteados, hay distintos tipos de cambios. Aquí hemos descrito dos casos reales con objetivos distintos en organizaciones distintas, pero hay cambios de otro tipo, más pequeños o restringidos que afectan sólo a algunas áreas o a algunos usuarios.

No obstante, para lograr que un cambio sea efectivo se requiere de ciertas condiciones previas. Entre ellas, pensar de manera reflexiva y realista sobre la estrategia; y, sobre todo, lograr que el resultado de esta reflexión sea lo más consensuado posible, al menos por parte del equipo directivo.

Luego se debe definir claramente un propósito de adónde se quiere llegar con el proyecto de cambio. Se requiere que este propósito se trasforme en una visión poderosa que quede plasmada en metas claras y medibles de corto, mediano y largo plazo. Si no, como dijimos antes, ¿cómo podemos medir el éxito del proyecto? ¿Cómo podemos saber si logramos los avances intermedios?

Si queremos medir el éxito del cambio, la planificación debe traducirse en objetivos claros, medibles y vinculados a **indicadores de resultado claves (KPIs)** que permitan la posterior medición y monitoreo de los avances y, sobre todo, el control de las desviaciones durante todo el proceso. Porque, como expresa el conocido dicho, "lo que no se mide no se puede controlar ni menos mejorar".

Esto parece fácil, pero, como veremos, no siempre es tan simple lograrlo. También tenemos que determinar el beneficio.

En algunos casos es más fácil de calcular, en otros mucho más difícil; quizás hacer un presupuesto de la inversión sea más fácil, pero una cosa es hacerlo y otra cumplirlo, más aún en proyectos con gestión de cambio en que la eficiencia de los resultados no depende sólo del compromiso y de la voluntad de los ejecutivos, sino también de la adopción del cambio por parte de los empleados y usuarios o clientes.

Además, definir indicadores y hacer las mediciones es un ejercicio de comunicación que permite al menos alinear al equipo del proyecto y sus líderes. De lo contrario, los esfuerzos se dispersarán, aumentarán las desviaciones y finalmente el compromiso del equipo directivo y de los miembros de la organización decaerá fuertemente por las contradicciones y ambigüedades que se darán en el tiempo. Si queremos ser menos ambiciosos y más realistas, más allá de medir el retorno o beneficio sobre la inversión (ROI), el valor actual neto de la inversión (VAN) o aplicar otras herramientas más complejas, se puede calcular el aporte del proyecto al resultado operacional, lo que implica determinar el valor de la inversión directa y la indirecta; esta última es más difícil de cuantificar pues es lo que ocurre cuando queremos calcular las HH o HM (horas hombre u horas mujer) de los colaboradores internos dedicados a un proyecto.

Es importante medir el impacto de un proyecto de gestión de cambio en indicadores claves, llamados **KPIs** por sus siglas en inglés (*key performance indicator* o indicador clave de rendimiento). Entre estos está la calidad de servicio, la reducción de perdidas, el tiempo de respuesta a clientes y otros. La calificación de "clave" tiene que ver con que son los indicadores más relevantes de resultados por procesos o áreas.

No obstante, como revisaremos en detalle más adelante, no sirve sólo estimar el aporte del proyecto con gestión de cambio y definir KPIs antes de empezar, porque hay muchas incertidumbres en las variables claves.

Por tanto, además de estimar dichas variables en forma previa, hay que controlar los KPIs durante el proyecto para que las desviaciones estén dentro márgenes aceptables y obtener finalmente los resultados esperados en el monitoreo, alcanzando la eficiencia. Entonces, identificar cuáles son estos aspectos o variables claves es una decisión no menor, porque si bien hay variables comunes, clásicas, no todos los proyectos con gestión de cambio son iguales ni se definen por las mismas variables.

Entre las más comunes de todo proyecto están el control presupuestario y el cumplimiento de la planificación, pero también hay que considerar variables intangibles de naturaleza psicosocial, llamadas "soft" en el mundo de la administración, habilidades blandas de las personas, como trabajadores, usuarios o clientes, proveedores y otros actores claves.

Revisaremos cómo equilibrar aspectos "técnicos" y "psicosociales" en un conjunto de variables prioritarias. De lo contrario, la evaluación y el monitoreo será una tarea engorrosa y tarde o temprano nos perderemos en el camino por mirar o controlar demasiados indicadores.

Definir las variables claves y sus indicadores de medida ayuda a controlar el riesgo de no alcanzar lo esperado o lograrlo a un costo financiero y humano mucho mayor de lo presupuestado. Por tanto, la evaluación de la efectividad de un cambio tiene requisitos, identificar las variables psicosociales y en la mayoría de los casos también técnicas. Se requiere construir un panel razonable de variables a monitorear periódicamente en el proceso. Otra cosa diferente es la evaluación previa y post de la efectividad de un proyecto, que también tiene sus desafíos.

Teniendo los indicadores clave balanceados, es una buena práctica definir claramente los objetivos.

Esto se puede hacer usando el acrónimo en inglés S.M.A.R.T., que alude a una forma "inteligente" de definir objetivos. La lámina siguiente resume el concepto incorporando las categorías a trabajar:

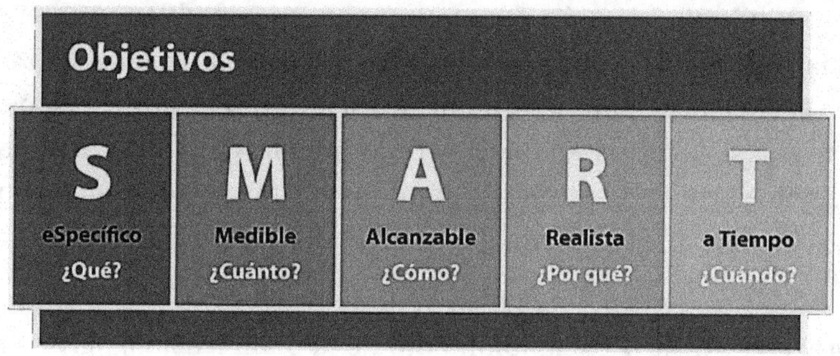

Objetivos SMART. Fuente: GOC Networking.

Específico. Quiere decir que el objetivo tiene que ser claro y acotado. Si tiene más de dos líneas e incorpora distintos aspectos a medir empezamos mal

Ejemplo 1: "Disminuir el tiempo de despacho a una semana en el segundo semestre del 20_".

Ejemplo 2: "Disminuir la rotación de personal de ventas en un 30% en el año 20_ en relación con el año anterior".

Medible. Implica que debe haber una unidad de medida o un indicador clave (KPI). Este indicador, como ya aprendimos, debe ser medible. Por ejemplo: meses de duración del proyecto o número de trabajadores capacitados, etc. Es clave porque es relevante; y, además: ¿en cuánto tiempo queremos lograr cambiar este KPI?

En el ejemplo 1 el tiempo de despacho es medible.

En el ejemplo 2 la rotación es medible.

Alcanzable. Se refiere a que el objetivo debe estar relacionado con las personas, áreas y procesos a los que compete específicamente. Es decir, se debe cuidar que los involucrados tengan control sobre esta meta, que debe estar muy bien definida. Porque, si no les aplica a ellos o si ellos no tienen control sobre el objetivo trazado, ¿cómo lo van a lograr?

Si en el ejemplo 2 ("Disminuir la rotación de personal de ventas en un 30% en el año 20_ en relación con el año anterior") la meta sólo involucra a los supervisores de local, quizás no es alcanzable por implicar también al Gerente Zonal y al Gerente Comercial y quizás a la gestión de personas o recursos humanos, porque en parte incluye las políticas de remuneraciones e incentivos a la permanencia.

Realista. El objetivo debe ser desafiante, pero alcanzable. Objetivos demasiado ambiciosos generan frustración antes de empezar; objetivos muy fáciles tampoco sirven, no implican un desafío. Hay que tensionar para ser motivantes.

En el ejemplo 1 ("Capacitar a los 6.000 trabajadores en un mes."), quizás el objetivo sea poco alcanzable y sólo va a provocar frustración. Una meta tiene que ser desafiante pero realista.

Basándonos en el ejemplo 2 ("Disminuir la rotación de personal de ventas en un 5% en el año 20_ en relación con el año anterior"), y en ese año es el 70%, claramente no es realista.

Tiempo (o plazo). ¿Cuándo se espera lograr el objetivo? No es lo mismo terminar un proyecto en seis meses que en tres años. Además, el tiempo es un recurso como otros, implica diferencias en posibles costos, quizás en arriendos de oficinas o equipos que hacen que los costos se eleven. Tampoco es posible saber si cumplimos una meta si no la medimos en algún momento, sin tener un plazo fatal o "dead line" para evaluar. Los costos y las evaluaciones del éxito del proyecto cambian, se hacen más discutibles, subjetivos. Es importante que el plazo sea realista. Como en los casos planteados, hemos visto muchos proyectos con gestión de cambio que pecan de ingenuidad en relación con los plazos cuando son demasiado ajustados y optimistas. Tal vez porque son vistos como iguales a los cambios técnicos, o porque un plazo muy extenso tiene una mala presentación. Mejor frustrar algunas expectativas en el comienzo que no cumplir con los plazos y el presupuesto. No cumplir las promesas tiene, por lo general, un costo muy alto para el equipo líder de proyecto.

Ejemplo: No es lo mismo decir "disminuir el número de reclamos", que sin duda es un buen propósito, que decir "disminuir en 50 % el número de reclamos en el segundo semestre del año 20_ con relación al segundo semestre del mismo año".

O no es lo mismo decir "con este proyecto vamos a mejorar el clima organizacional", que decir: "el objetivo de este proyecto es mejorar el clima organizacional durante el año 20_ en 30 puntos sobre una base de 50 en una medición de clima organizacional basada en un cuestionario".

Hay distintas formas de clasificar los indicadores de medición. Una división es entre indicadores cuantitativos y cualitativos, ambos útiles, complementarios, pero con propósitos y utilidades diferentes.

- **Indicadores cuantitativos**: Son una representación numérica del proceso, evento o fenómeno que se analiza. Dicho de otra forma, son una medida de cantidad, dan respuesta a preguntas de cuánto, cada cuánto y con qué frecuencia. Estos indicadores se miden en números y proporciones, y se usan para comparar una variable antes y después, o entre variables, etc. Nos sirven para comparar distintos indicadores o grados de avance o retroceso del proyecto.

- **Indicadores cualitativos**: Al contrario de los cuantitativos, estos no muestran una medida numérica como tal. Con ellos se consigue más bien explicar y/o describir algo que ya ha sucedido. Por lo general están basados o surgen de instrumentos como encuestas de preguntas abiertas, entrevistas grupales o individuales recogiendo opiniones y percepciones, y están orientados a responder preguntas de cuándo, cómo, y porqué, entre otras. Son para uso comprensivo, lo que no siempre hacen bien los indicadores cuantitativos.

Según Jorge Ulsen, de *HR Connect*,[2] hay ejemplos de indicadores de efectividad en el proceso más cuantitativos, por ejemplo:

- **Cumplimiento de las fechas planificadas** para ciertos hitos y entregables. Ejemplo: cumplimiento de hitos en la carta Gantt.

---

[2] Jorge Ulsen. 4 maneras de medir el impacto del cambio de manera integrada. HR Connect.
Ver online: https://www.hrconnect.cl/desarrollo/4-maneras-de-medir-el-impacto-del-cambio-de-manera-integrada/

- **Ejecución del plan de mitigación de impactos dentro del presupuesto considerado**. Ejemplo: cumplir la fecha de traslado de oficinas, sede o planta.

- **Cantidad de reuniones de comunicaciones realizadas v/s reuniones de comunicación planificadas**. Ejemplo: cumplimiento de acciones presupuestadas contra las realizadas en una carta Gantt.

- **Cantidad de personas capacitadas vs trabajadores no capacitados**. Ejemplo: trabajadores que necesitan aprendizajes en una fecha determinada.

- **Porcentaje de propuestas de ideas de miembros de grupos de apoyo específicos para la gestión del cambio.** Ejemplo: propuesta de crear una red de facilitadores que apoye el aprendizaje post cursos de entrenamiento.

Según el mismo Ulsen, lo anterior se puede complementar con evaluaciones más cualitativas relacionadas con, por ejemplo:

- Porcentaje de conocimiento del total de los usuarios impactados.
- Nivel de entendimiento de los usuarios o clientes.
- Grado de alineamiento del personal y ejecutivos.
- Calidad de relatores o facilitadores utilizados cuando se realizan capacitaciones.
- Utilidad de conocimientos adquiridos para el trabajo diario.

También hay tipos de indicadores claves (KPI) por variables o dimensiones relevantes de intervención:

- **Indicadores de resultado final:** Miden las salidas del proyecto o de un proceso en particular, determinando si el objetivo se alcanzó o no. Por ejemplo, mejorar la percepción del servicio al cliente o determinar si una fusión de dos organizaciones mejoró el EBITA del grupo, o si aumentó la participación de mercado o *market share* de la empresa con relación a los competidores, o con objetivos menos globales como la obtención de mejoras en la calidad de servicio o la disminución de tiempo de respuesta.

- **Indicador de proceso**: Muestra cómo se están haciendo las actividades durante el proyecto. Por ejemplo, el número de capacitaciones hechas, actividades realizadas vs actividades programadas, etc.

- **Indicadores de insumo**: Se enfoca en medir los recursos disponibles y su utilización. Por ejemplo, el gasto en recursos administrativos.

- **Indicadores de opinión**: Según Ana Correa (2019), estos indicadores podrían, por ejemplo, recoger la percepción de los clientes impactados por el proyecto, o la percepción de los trabajadores o de los patrocinadores sobre los aportes del proyecto. Son indicadores más subjetivos, pero igual relevantes.

Hay indicadores (KPIs) de eficacia y eficiencia:

- **De eficacia**: Miden la relación entre los objetivos a alcanzar y los conseguidos realmente. Dicho de otra manera, este tipo de indicador compara lo que se espera que logremos y lo que en realidad logramos. Por ejemplo, los entregables proyectados versus los entregables recibidos. Este indicador suele ser el que más se alcanza, si el proyecto finalmente se finaliza, pero a veces a costos muy altos y muy fuera de las expectativas iniciales.

- **De eficiencia**: Miden el rendimiento de recursos e insumos para conseguir los objetivos. Dicho de otra manera, este tipo de indicadores examina el aprovechamiento de los recursos para lograr lo propuesto. Por ejemplo, montos de inversión presupuestados versus montos reales. Estos, a diferencia de los anteriores, suelen ser más difíciles de alcanzar, básicamente porque se subestiman previamente los recursos y plazos.

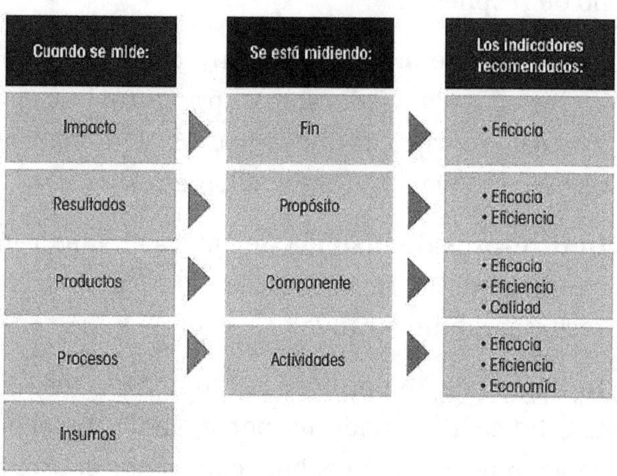

Indicadores de eficiencia para los proyectos con gestión de cambio. Fuente: CONEVAL.

- **De efectividad**: Integra los dos anteriores. Es decir, mide el logro de los objetivos de un proyecto con los menores recursos posibles. Dicho de otra manera, compara etapas alcanzadas vs costos.

Para definir los indicadores de evaluación de un proyecto o de procesos, es conveniente pasar por ciertas etapas:

- Revisar bien para qué se va a usar este indicador, si ayuda a medir la dimensión o variable relevante preseleccionada o un objetivo. Esto supone que el objetivo debe estar claramente redactado, porque un objetivo bien definido (SMART) incluye la M de medición, lo que se relaciona directamente con el indicador con que se va a medir o el KPI, incluido en el objetivo. Luego hay que evaluar la coherencia de la unidad de medida con relación al objetivo predefinido.

- Definir el factor y el tipo de relación entre variables o su dimensión y su KPI de medida. Por ejemplo, tenemos variables o dimensiones únicas absolutas. Ejemplo: la duración de un proyecto o el número de integrantes de un equipo. También puede existir una relación de proporción, como el porcentaje de tareas realizadas sobre tareas planificadas o de variación, por ejemplo, el aumento en "X" del número de capacitaciones realizada por el equipo de proyecto.

- Hay que ver si los datos están disponibles o si es necesario construir un instrumento para obtenerlos. Obviamente es mejor trabajar con indicadores que ya existen y que ya tienen datos. Además, tenemos que evaluar que estos datos sean confiables.

- La fórmula o método de cálculo. Ésta debe ser una expresión matemática definida de manera adecuada y de fácil comprensión. Es decir, deben quedar claras cuáles son las variables o dimensiones utilizadas. Los métodos de cálculo más comunes son los porcentajes, la tasa de variación, la razón y el número índice.

- Determinar la frecuencia de medición. No hay una regla exacta, sin embargo, si el indicador es de resultado el plazo será mayor que si es de proceso o de actividad. También depende de la facilidad de obtención y su relevancia.

- Definir el responsable o responsables de registrar los datos.

Proyecto con gestión cambio que crean valor para la organización

Estaremos de acuerdo que lo más importante es que el cambio a gestionar debe aportar a la estrategia explícita o implícita de la organización, esto último porque no todas las organizaciones tienen una planificación escrita, pero todas tienen estrategia, la que puede estar en la cabeza del gerente general, el director, el rector o el presidente. El riesgo de no cumplir este paso es caer, a veces, en "accionismos": tenemos que hacer esto porque está de moda o porque otros lo están haciendo. A otros les puede aportar valor un cambio, pero a nuestra organización no. Este riesgo es muy común en el mundo de la administración.

A continuación revisaremos un modelo de cambio que nos permitirá observar la relación de los distintos pilares claves. Teniendo en cuenta que un modelo es siempre una reducción de la realidad, el ejercicio es útil pues, como todo modelo, aporta distinciones adecuadas para la evaluación del proceso.

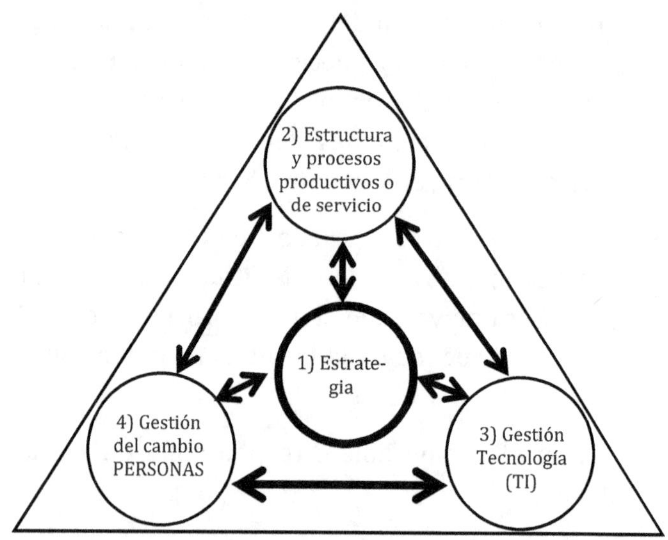

Estrategia en proyectos con gestión de cambio.
Fuente: Desarrollo del autor.

Proyectos con gestión de cambio alineados con la estrategia de la organización

La planificación de la estrategia comienza con el marco declarativo. Esto es mucho más que un requisito formal que servirá para poner en la página web de la organización, se trata más bien de un esfuerzo de comunicación dirigido a los clientes, trabajadores, proveedores e incluso a los competidores. A través de este marco la organización hace una declaración respecto de su identidad y de su estilo de lograr las cosas.

En primer lugar, la **visión** es una delimitación del estado al que la organización aspira a llegar en el futuro.

La **misión**, por su parte, es la declaración de la oferta de valor de la empresa para sus clientes o usuarios y otros interesados. Por otro lado, con la identificación de los **valores** la organización hace una declaración del estilo, sello y límites respecto de "cómo" se va a bajar esta visión y esta misión a la realidad. En otras palabras, es lograr la misión y la visión dentro de estos límites y de cierta forma.

El marco declarativo es, en general, un ejercicio de mediano o largo plazo ya que tiene que ver con la identidad de la organización. Sin embargo, las organizaciones pueden, ocasionalmente, cambiar su identidad. Así ocurrió, por ejemplo, con Nokia, que partió siendo un productor de papeles, luego de caucho y finalmente un importante actor en tecnología para las telecomunicaciones en los 2000, estando hoy dedicada más a la infraestructura para aplicaciones fijas, móviles y convergentes. Lo mismo sucedió con Toyota, que partió como fabricante de telares y luego pasó a ser uno de los líderes en fabricación de automóviles y maquinaria.

La revisión de los planes es algo más periódico y depende mucho del contexto cambiante de la industria en que se encuentra la organización. La tendencia es que estas revisiones sean cada vez más cercanas, dado la aceleración general de los cambios en el entorno.

La **estrategia**, según Hax y Majluf (1996 p.25), es "la gestión deliberada de cambio hacia el logro de ventajas competitivas en todos los negocios en que interviene la firma" (o, dicho de otro modo, de todas las unidades estratégicas de negocio). Ésta se materializa en los objetivos y planes estratégicos, que cada vez más son de formulación y revisión de mediano plazo. Posteriormente se debe definir los procesos y estructura. Un elemento clave a comprender es que todo proyecto de cambio debe ser coherente con la estrategia, de modo que agregue valor a la organización, en caso contrario dicha estrategia no logrará aportar y no será ni efectiva ni eficiente.

Por otro lado, todo proyecto, en especial los que requieren de gestión cambio, necesita una estrategia de implementación. Así, por ejemplo, la implementación de un **ERP** (*Enterprise Resource Planning*,) o de una aplicación de gestión de personas, área mal llamada de "recursos humanos" (creemos que las personas no somos recursos). Por ejemplo, estas implementaciones pueden ser realizadas gradualmente en etapas secuenciales, por módulos o con una estrategia más simultánea, de tipo "big bang", donde todos los módulos nuevos se activan al mismo tiempo.

Esta última estrategia implica mayores riesgos, entre ellos la adaptación de los usuarios, que se verán sobrepasados con tantos desafíos de aprendizaje. No obstante, también tiene la ventaja de una mayor integración y coordinación entre los módulos. Obviamente existen muchas y muy variadas herramientas, además del clásico FODA, como son las cinco fuerzas de Porter y el mapa de posicionamiento, entre muchas otras.

En el cuadro de la página siguiente ofrecemos un ejemplo de la secuencia y relación entre las etapas de un proceso de planificación estratégica, partiendo por las definiciones del marco declarativo a largo plazo y llegando hasta los planes funcionales y su control en el corto o cortísimo plazo.

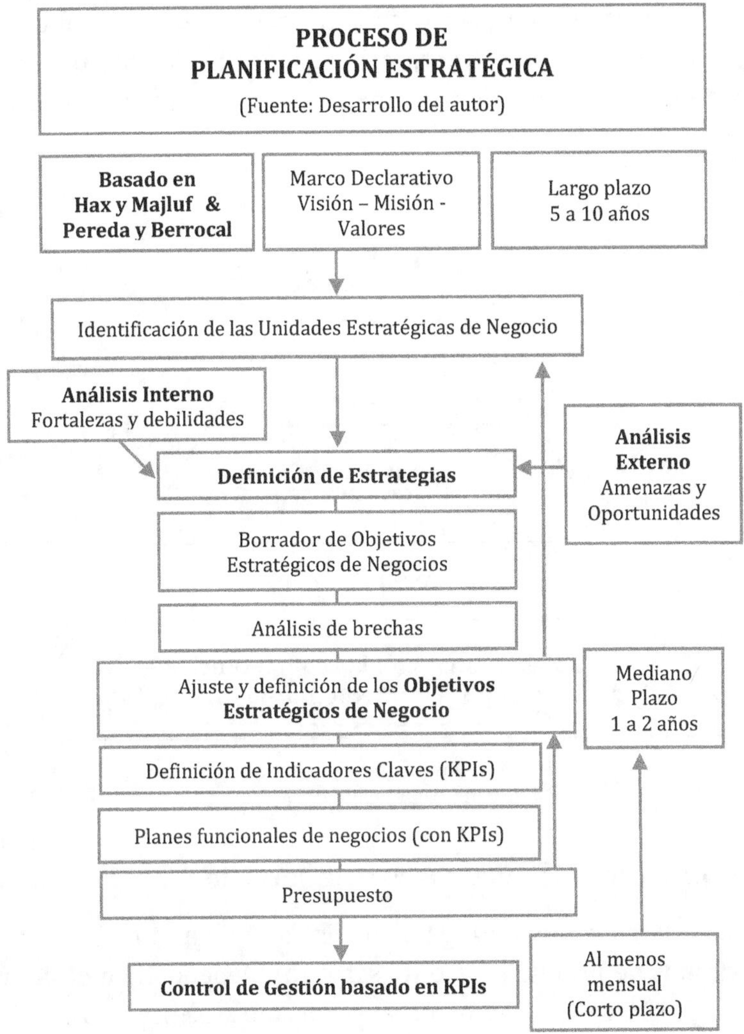

Una cosa es definir la estrategia y otra es implementarla. Esto último implica bajarla a la realidad, concretizarla en acciones coherentes, lo que requiere definir o redefinir los procesos del negocio, armonizar la estructura y las personas con las competencias necesarias para facilitar esta implementación. La optimización de estos factores es clave en los proyectos con gestión de cambio.

A continuación se presenta un esquema donde se muestra que los procesos, la estructura, la tecnología y la **gestión de las variables psicosociales** tienen que estar en función de la estrategia:

La implementación de la estrategia.
Fuente: Desarrollo del autor.

Los procesos productivos y/o de servicio

Los resultados que entrega a sus usuarios una organización en términos de productos y/o de servicios, dependen en gran medida de cómo estén definidos y organizados sus procesos.

Por tanto, un objetivo de cambio puede implicar el diseño o rediseño de estos procesos productivos y/o de servicio. Estos son también conocidos como "procesos de negocios", entre comillas porque las organizaciones pueden tener o no tener fines de lucro, pero todas tienen procesos que permiten generar determinados productos y/o servicios.

Según Bravo (2011, p. 31), estos procesos pueden ser definidos como "un conjunto de actividades, pasos e interacciones y recursos con una finalidad común: transformar las entradas en salidas que agreguen valor a los clientes" o usuarios; y, por cierto, que beneficien también a los otros interesados o stakeholders, como proveedores, comunidades, el estado, municipalidades, sindicatos y otros. Las entradas o salidas pueden estar constituidas por información, recursos, servicios o productos, con las mismas salidas, pero con mayor valor agregado.

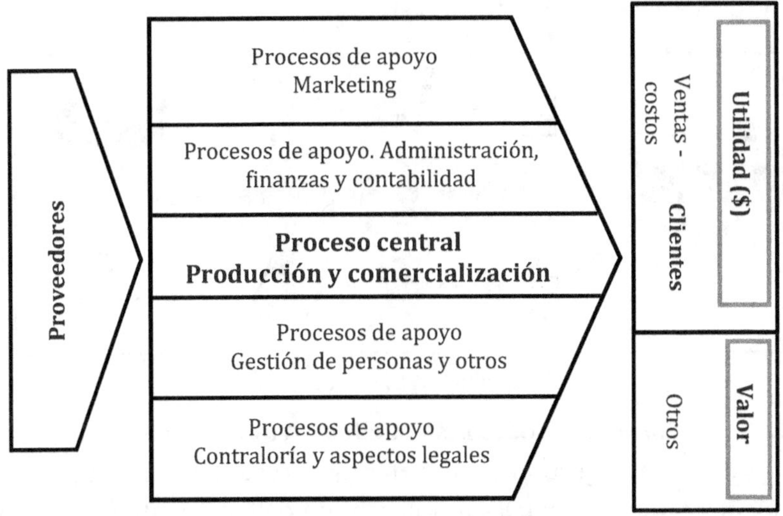

Cuadro adaptado por el autor de la
Cadena de Valor de M. Porter.

Entre las actividades que conforman estos procesos de negocio existe el proceso central, que se relaciona con la misión o con la cadena de valor de una organización. Estos son los "procesos misionales" como los designa Porter (1996), que están directamente relacionados con las competencias centrales de una organización o de la Unidad Estratégica de Negocio (UEN).

Asimismo, existen los procesos de apoyo al proceso central, por ejemplo, los procesos de marketing, administración, finanzas, de investigación y desarrollo, de gestión de personas (o de "recursos humanos"), entre otros procesos y subprocesos, como el de reclutamiento y selección en el proceso de gestión de personas. Todos ayudan o apoyan al proceso misional o central. Todos son importantes, pero muchos no son parte de las competencias distintivas de la organización ni constituyen una Unidad Estratégica de Negocio (UEN), y, por tanto, pueden ser externalizados total o parcialmente.

El siguiente cuadro presenta un ejemplo simplificado de los procesos centrales de un restaurante:

Schmal, Rodolfo F, & Olave, Teresa Y. (2014).

Todos estos procesos se pueden dividir en subprocesos. Por ejemplo, la gestión de personas o de recursos humanos se puede segmentar en los subprocesos de reclutamiento y selección, de bienvenida, de remuneraciones, etc. Estos subprocesos pueden ser divididos a su vez en actividades o etapas. Por ejemplo, el subproceso de reclutamiento, que parte con una solicitud, revisión de la descripción y perfil del cargo, la publicación del aviso, la selección de currículos y la actividad de las entrevistas de postulantes, las pruebas, el informe resultante, etc. Todas estas etapas componen de una secuencia de tareas ordenada y con un tiempo determinado.

Estos conceptos fueron desarrollados originalmente por F. Taylor en sus estudios de tiempo y movimiento. Todos estos procesos y subprocesos implican recursos—que, dicho sea de paso, el tiempo es un recurso no renovable y de los más escasos—, por ejemplo, los proyectos con gestión de cambio implican estimar el tiempo de los miembros de la organización, de ejecutivos, de profesionales y, en general, de todos los que trabajan directa o indirectamente en el proyecto y en los procesos que se quieren impactar, y suele contarse como las HH y HM (horas hombre y horas mujer) que pueden ser no menores.

Para el cambio o rediseño de estos procesos centrales o de apoyo existe una diversidad de métodos. Desde los más tradicionales, como el **Kaizen** o de Mejora Continua o Calidad Total, método de origen japonés que le dio un rol clave en la optimización y mejora a la participación de los empleados que trabajan en los mismos procesos o subprocesos, hasta metodologías derivadas, como **Seis Sigma**, más conocida por su denominación en inglés *Six Sigma*, que es una estrategia de mejora de procesos centrada en la reducción de la variabilidad reforzando y optimizando cada parte del proceso, consiguiendo reducir o eliminar los defectos, desperdicios o fallos en la entrega de un producto o servicio al cliente.

LEAN manufacturing es otra metodología relacionada a las anteriores, un modelo de gestión que se enfoca también en minimizar las pérdidas o desperdicios, o eliminar pasos o tareas que no aportan, lo que permite reducir los costos y, por tanto, maximizar la creación de valor para el cliente final, accionistas y otros interesados (stakeholders).

También existe **Kanban**, que permite visibilizar en forma rápida el avance y las fallas en un proceso o proyecto permitiendo una adecuada reacción y control. Y el **BPM** o *Business Process Management* (Gestión de Procesos de Negocio), metodología basada en el diseño, modelado, organización, documentación y optimización permanente de los procesos.

Más recientes son las **Metodologías Ágiles**, que dividen los proyectos en fases dinámicas (o *sprints*) poniendo también acento en la en la mejora continua de los procesos y la colaboración. Mencionamos aquí las metodologías más importantes, pero obviamente existen otras; podríamos mencionar otras muchas que buscan cambiar y optimizar los procesos.

Con la optimización de procesos lo que se busca es mejorar los resultados en términos de productos y/o servicios, incluyendo los niveles de calidad, pero el método que se aplique debe ser bien pensado y controlado en el trayecto, si queremos obtener los resultados esperados o valiosos, sólo así seremos más eficaces. Si además de esto lo hacemos con pocos recursos, seremos eficientes. Muchos proyectos de cambio fracasan, mientras que otros se logran, pero a costos muy altos, cuestionando el real valor del proyecto y la capacidad de los líderes del proyecto.

Los procesos deben estar bien definidos para asegurar ciertos resultados y genera mayor valor a los clientes o usuarios, sean estos externos o internos. Para asegurar la satisfacción de los clientes o usuarios los procesos deben ser controlados, medidos y evaluados para lo cual se requiere, en primer lugar, definir lo que se va a medir y, por supuesto, establecer la unidad de medición.

Estos son los indicadores claves de resultados o **KPIs**. Para asegurar la satisfacción de usuarios o clientes en relación con los productos y/o servicios que entrega un proceso completo o un subproceso, se requiere también acordar criterios y niveles de servicio entre proveedores y clientes (externos e internos). Esto implica responder y acordar con los clientes criterios y respuestas para las siguientes preguntas: ¿Cuándo vamos a considerar que algo es de buena o de mala calidad? ¿A partir de qué características? ¿En qué plazos? ¿A través de cuáles estándares? ¿Cuáles son los criterios de cumplimiento? A esto se llama ***Service Level Agreement*** (SLA), o acuerdo de nivel de servicio en español.

La estructura de la organización

Los proyectos de cambio también pueden estar centrados en el cambio de estructura, como por ejemplo, en cambios en la división de áreas de trabajo, o en el cierre, apertura o fusión de unidades de negocio, y/o el cambio de los responsables de ciertas áreas. Siguiendo el clásico axioma de Clandler (1962), que plantea que "la estructura debe seguir la estrategia", cambiar o modificar la estrategia necesariamente implicará cambiar o modificar la estructura que permite la implementación de la estrategia. También en la definición de la estructura abriendo o cerrando oportunidades de operación, de tal modo que ciertas estrategias sólo son posibles si se cuenta con la estructura que la soporte. Según Rodríguez (2011), una determinada estructura posibilita una estrategia, mientras que obstaculiza otras. Por ejemplo, si queremos estar más cerca de nuestros clientes que están distribuidos a lo largo y ancho del país, los que además tienen necesidades algo diferentes por zonas, quizás necesitemos hacer un cambio a una estructura territorial o matricial.

Muchos de los proyectos con gestión cambio tienen que ver con la necesidad de conseguir estructuras más livianas o ágiles o más funcionales a los intereses de los clientes. Actualmente muchas organizaciones buscan "alivianar" su estructura para ser más eficientes.

Existen muchos tipos de estructura. Según Mintzberg (Rodríguez, 2011), es posible distinguir cinco tipos de organización:

- **Estructura simple**, en la que existe una cúspide estratégica (gerencia) que coordina a un grupo operacional sin mandos medios. Este tipo de estructura no cuenta con grupos de apoyo o staff y es característica de empresas pequeñas. Dado su poca complejidad se puede relacionar con entornos simples. Generalmente en este tipo de organizaciones los gerentes son los dueños. En ellas el conflicto puede relacionarse con la mayor dificultad para resolver demandas más complejas del entorno. Por ejemplo, éstas es la estructura habitual de las Pymes.

- **Burocracia mecánica**. Diseño característico de las burocracias fiscales o privadas. En este tipo de estructuras, al contrario de lo que sucede en la estructura simple, los niveles y mandos medios abundan, así como también las áreas de staff que surgen para asegurar la estabilidad de su entorno. Ejemplo de esto se da en los servicios públicos o en corporaciones y en industrias reguladas o más estables. Aquí el conflicto surge con la flexibilidad y la integración.

- **La burocracia profesional**. Forma de diseño en donde lo que se estandariza son los conocimientos. Esto, dado que son los poseedores de conocimiento quienes deben concretar el trabajo. En esta estructura el grupo operacional es muy importante y cuenta con mucho poder. La jerarquía cumple con funciones administrativas y de coordinación, por lo que es común que se den conflictos entre la jerarquía y el grupo operativo, que muchas veces sabe más que el directivo y se resiste al control. El staff de apoyo es de grandes dimensiones debido a que debe realizar una serie de actividades para facilitar el trabajo del grupo operacional. Un claro ejemplo de este tipo de diseño son las universidades, hospitales y consultoras.

- **Estructura divisional**. En este tipo se agrupan varias organizaciones bajo un esquema integrador de tipo administrativo. Se organiza por líneas de productos o servicios o por tipos de clientes. Un ejemplo de esto es la Banca Empresa, la Banca Personas y la Banca Pymes, donde el control se realiza por desempeño. Hay algunas áreas de staff o de apoyo que ofrecen sus servicios a las distintas líneas de productos o distintos tipos de clientes o servicios de forma autónoma y esto puede llevar al surgimiento de conflictos por la pérdida de sinergia que este tipo de estructura genera.

- **Adhocracia**. Estructura caracterizada por la ausencia de jerarquía. Es una configuración de gran flexibilidad en la que la autoridad se encuentra dispersa en toda la estructura, al igual que el conocimiento. Se adapta muy bien a diversos proyectos, puede ser innovadora y flexible, aunque puede implicar pérdidas de eficiencia. Tenemos un ejemplo de esto en algunas consultoras que funcionan por proyectos.

Pero existen otras clasificaciones que describen otros tipos de estructuras, entre las que destacan:

- **Estructura Funcional**, basada en la especialización funcional. Ésta es una de las estructuras más comunes, donde la prioridad es la estructuración por funciones, tales como área comercial, operaciones o producción, área administrativa y gestión de personas y finanzas, etc. También cuentan con áreas de staff, entre las que destacan el área legal y la de control de gestión, entre otras. El conflicto puede originarse por los incentivos en desempeños funcionales, que tienden a ir en distintas direcciones produciendo los llamados "silos", que compiten por los recursos y lealtades.

  La forma de graficar las estructuras es a través de los organigramas. A continuación presentamos ejemplos habituales de estructuras funcionales:

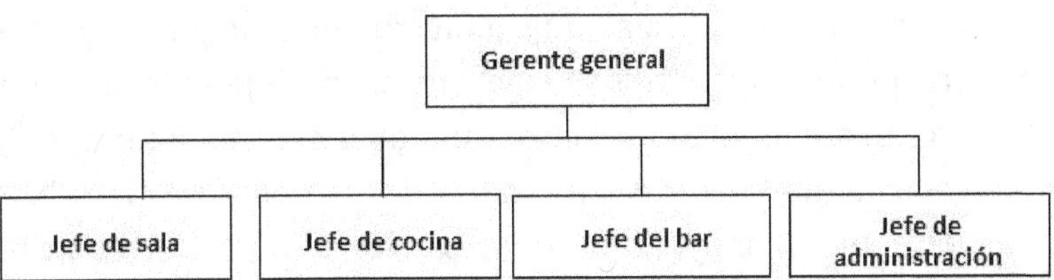

- **La estructura divisional,** en que las áreas se ordenan y se especializan por productos o servicios, como vemos en el siguiente organigrama:

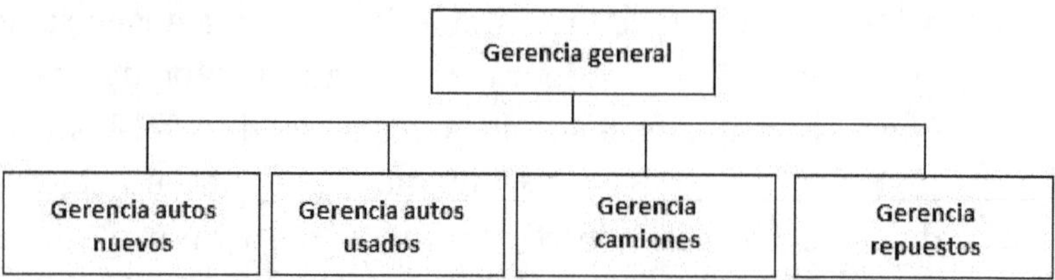

- **La estructura territorial.** También existen las estructuras que privilegian el contacto con la realidad cultural de los territorios y las modalidades de consumo de los clientes, según sus localidades, regiones o países. Ejemplo de este tipo de estructuras son las organizaciones que tienen distintas zonas:

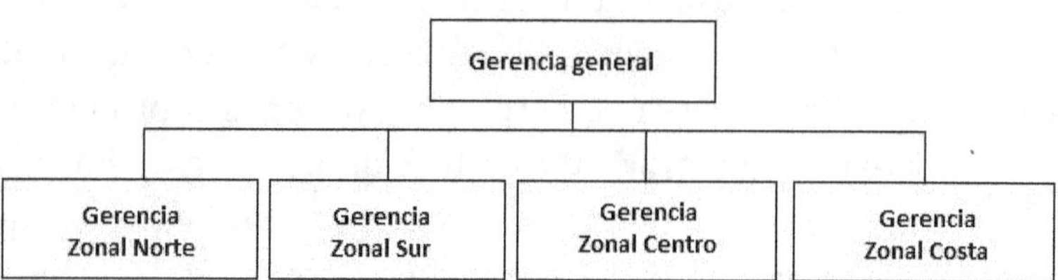

En estas dos últimas los conflictos son de integración puesto que las gerencias divisionales o territoriales se pueden transformar en verdaderos feudos autónomos.

- **La estructura matricial,** que es aquella en la que se combinan otros tipos de estructura, por ejemplo, funcional con territorial o con divisional. Esta dualidad se combina en una matriz de doble entrada e implican una doble jerarquía en la cual una jefatura intermedia tiene que responder a dos tipos de gerencias, por ejemplo, a un gerente zonal y a un gerente funcional central. Este tipo de estructura permite combinar, por ejemplo, la especialización funcional y a la vez por territorio o producto, o tipo de servicio o tipos de clientes u otras, por lo general no son más de dos combinaciones.

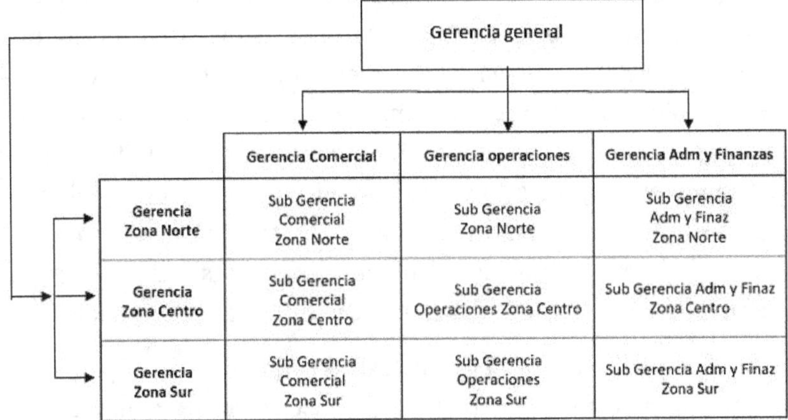

En esta estructura existe una dualidad que puede generar conflictos en los colaboradores ya que tienen que reportar a dos jefes y en ocasiones pueden verse "tironeados" o presionados en direcciones distintas.

Las tecnologías

Actualmente muchos proyectos de cambio se originan con el objetivo de **mejorar la eficiencia a través cambios tecnológicos**. Cuando hablamos de cambios en tecnología, podemos estar refiriéndonos a un término muy amplio. Desde la gestión del cambio es interesante distinguir entre técnica y tecnología. Técnica es todo lo que ha inventado el ser humanos; la tecnología implica la relación entre el usuario y la técnica, es el saber usar la técnica. Esta distinción resulta relevante cuando diferenciamos entre un proyecto técnico y uno sociotécnico, lo que implica que el usuario quiera usar y aprender a usar la técnica. Hay muchos casos de buenas técnicas que no han sido adoptadas, como los motores rotatorios de automóviles y el formato beta de videos.

Hoy en día existe una amplia variedad de técnicas y tecnologías vigentes. Además, el rol de la tecnología es cada vez más omnipresente. Como decían Martin-Parraga y Garrido-Anguita (2021), somos *homus tecnologicus*. Los proyectos de cambio están cada vez más relacionados con la implementación de nuevas tecnologías que buscan aumentar la eficiencia y el valor de una organización, ya sea por medio de las habilidades socio-emocionales, llamadas "blandas" o "soft", como las metodologías ágiles para desarrollar proyectos, y las técnicas y tecnologías "duras" o "hard", como los drones y los robots, utilizados, por ejemplo, en el Sistema Quirúrgico "Da Vinci", en telemedicina.

Los procesos de negocios están cada vez más soportados por tecnología, porque la tecnología busca siempre aumentos de la eficiencia. Implementar o cambiar proactiva o reactivamente resulta cada vez más apremiante, lo que suele suponer inversiones relevantes en sí mismas, además de la inversión que hay que hacer en la gestión del cambio para que los trabajadores o clientes utilicen las nuevas tecnologías. Debido a lo anterior, implementar estos cambios supone, muchas veces, un alto riesgo, ya que puede implicar un alto costo, y si las nuevas tecnologías no se usan o si se estrellan contra un muro de resistencia por parte de los usuarios y no generan un beneficio significativo, los proyectos con gestión de cambio fracasarán, independiente de la calidad de la tecnología en sí misma.

La invención, trasmisión y renovación de la técnica y la tecnología se ha ido desarrollando junto al trabajo humano, determinando el desarrollo de las sociedades en lo material, económico y social. Por ejemplo, en el presente interactuamos mucho más a través de las redes sociales. Este desarrollo se está produciendo de manera cada vez más acelerada, muchas veces a saltos muy pequeños, como con las actualizaciones de software, otras con cambios medianos —en forma de curvas "S" como veremos—, aunque también en ocasiones a grandes saltos, como con el fenómeno que llamamos revoluciones industriales, que terminan por producir verdaderos cambios de paradigmas. Otro ejemplo que atender es cómo la IA nos está cambiando la vida, la forma de aprender y la forma de trabajar.

Según Foster (1987), las tecnologías quedan muchas veces obsoletas y suelen cambian en ciclos de vida que tienen forma de curvas "S". Estos ciclos pasan por cuatro etapas. En la siguiente gráfica se muestra el ritmo de desempeño y aceptación del mercado en el tiempo:

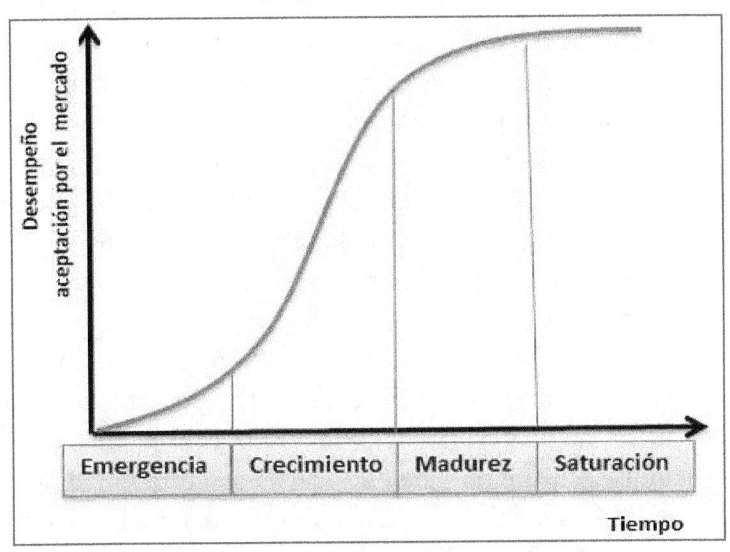

Curva S. Fuente: Wikimedia Commons.

- **Etapa de emergencia o introducción.** Es el periodo en el que se introduce la nueva tecnología al mercado. El desarrollo es incipiente ya que es una inversión reciente que llama la atención sólo de los consumidores más proclives a la innovación que en muchos casos tienen más poder adquisitivo, dándose en ellos el entusiasmo suficiente como para querer tener la nueva tecnología antes que los demás clientes. En esta etapa la distribución de los productos o servicios de nueva tecnología es baja dado que aún no se conoce en el mercado. Sin embargo, los costos de producción son altos porque no hay economía de escala y por tanto el precio final es alto o muy alto y prácticamente no generan utilidades para la organización. Esta etapa es una apuesta a futuro, los resultados son, en el mejor de los casos, eficaces, pero no eficientes.

En esta etapa la empresa que quiere innovar y comercializar el producto o servicio debe invertir mucho en marketing y publicidad para la promoción de los beneficios de la nueva tecnología ya que sus atributos aun no son muy conocidos por los posibles usuarios, por lo que todavía no existe interés por adquirir y probar el nuevo producto o servicio. Ciertamente muchas tecnologías no pasan esta etapa, por lo que muchas organizaciones prefieren no arriesgar en Investigación & Desarrollo y toman el rol de seguidoras o copiadoras de otras que sí están dispuestas a pagar el costo de investigar e innovar, como la empresa SONY, que ha sido desarrolladora de varios adelantos tecnológicos, como el Walkman que fue muy exitoso y no tardó en ser copiado por otras marcas, aunque también desarrolló la cámara Digital Mavica que fue un fracaso. Ejemplo de esta etapa en la actualidad podría ser la tecnología de automóviles y otros medios de trasporte con combustible a hidrogeno verde. Aún no sabemos si esta tecnología logrará consolidarse.

- **Etapa de crecimiento.** En esta etapa se realizan mejoras en las características de la nueva tecnología. Ésta aún se encuentra en pleno desarrollo, por lo que se logra una mayor apertura del mercado y se produce la entrada de nuevos competidores o seguidores, lo que demuestra su viabilidad. Sin embargo, su eficiencia aún no es del todo clara. En este caso, la tecnología genera una técnica de uso y se encuentra en pleno posicionamiento a nivel de mercado. En esta etapa las organizaciones innovadoras tienen una ventaja transitoria sobre la competencia. Si bien los costos siguen altos —los costos de producción y promoción, entre otros—, los beneficios crecen en mayor proporción que en la etapa de emergencia, por lo tanto, existen rendimientos positivos para los productores y distribuidores del producto. Ejemplo de esto serían hoy los automóviles eléctricos.

- **Etapa de madurez o crecimiento tardío**. Aquí la tecnología se estabiliza en el mercado, las características que estaban fallando, según los consumidores, son mejoradas y se sigue realizando promoción en el segmento meta para que una mayor cantidad de clientes quiera tener y conocer los nuevos productos o servicios. También crece la competencia, por lo que casi ya no entran nuevos competidores al mercado. La tecnología se encuentra en el periodo más rentable, sus costos caen por economía de escala, hay creciente eficiencia ya que no se necesitan grandes inversiones para permanecer en el mercado debido a que la tecnología es de pleno conocimiento del público o está de moda entre los consumidores, y los beneficios permanecen estables con una pequeña desviación al alza. Ejemplo de esto son los automóviles con transmisión automática.

- **Etapa de saturación o declive**. Aquí los productos o servicios de nuevas tecnologías y sus beneficios disminuyen debido a que los consumidores prefieren tecnologías emergentes con mejores rendimientos. Es importante destacar que existen algunas pocas tecnologías que no llegan a esta etapa debido a que en la etapa anterior han ido adaptando sus características según las necesidades que se van presentando o se quedan en un nicho vintage, en cuyo caso aún hay beneficios en ciertos nichos los usuarios. Un buen ejemplo de esto lo constituyen la fotografía analógica y los discos de vinilo.

Con la competencia por las innovaciones que se le hacen al producto aumentan los gastos, pero también crecen los beneficios debido a la necesidad que generan las tecnologías en los usuarios. Un buen ejemplo de esto son los automóviles con cambio mecánico.

El cambio de tecnologías se produce como resultado de la innovación y por la superposición entre ciclos, que va intercedida por una discontinuidad o un periodo en que la nueva tecnología remplaza a la antigua, que se vuelve obsoleta. Así, por ejemplo, los aviones comerciales a hélice fueron reemplazados progresivamente por los de turbina, pero hubo una etapa donde ambas tecnologías convivieron. De hecho, aún para tramos cortos son eficientes los motores a turbohélice. Las películas en videocasete que fueron reemplazadas por las películas en CD, y éstas a su vez fueron remplazadas por películas de descarga online, pero convivieron durante un periodo. Entre estos periodos de transición algunas tecnologías fracasan, como, por ejemplo, el automóvil de motor rotativo de la Mazda o el Betamax, que por diversas razones no se impusieron y tuvieron corta vida.

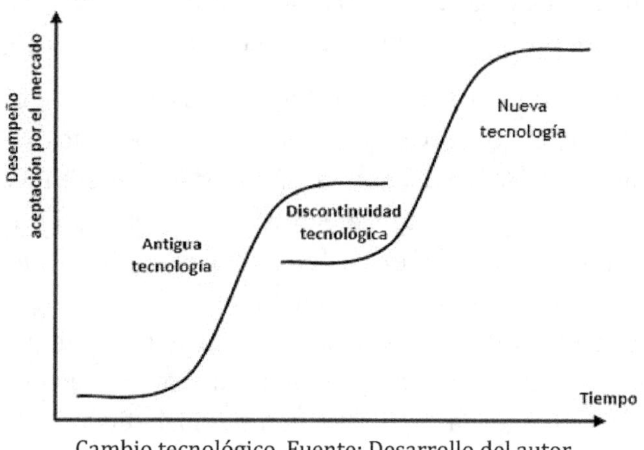

Cambio tecnológico. Fuente: Desarrollo del autor
(basado en el Modelo de Curvas de R. Foster).

Un ejemplo de esto los podemos ver en el siguiente esquema, aplicado a la industria de la reproducción musical:

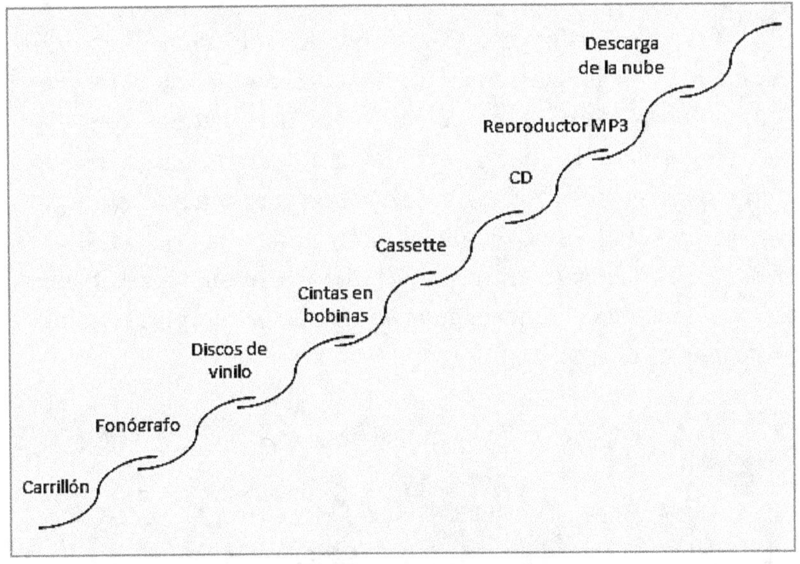

Ejemplo de los cambios tecnológicos en la reproducción musical. Fuente: Desarrollo del autor.

Estos periodos de transición son, en muchos casos, el objetivo de la implementación de proyectos de cambio.

Pero los cambios de tecnología también se dan en saltos de gran magnitud que afectan a muchas industrias, cambios que son de carácter paradigmático. El ejemplo más conocido de este fenómeno es, quizás, la gran revolución industrial, que introdujo más eficiencia en los procesos industriales debido a la introducción de la mecanización y al uso de la fuerza del vapor y de la energía hidráulica. Esta revolución cambió, sin duda, la vida de la humanidad en su conjunto. Entre otras cosas, producto de esto crecieron las ciudades y aumentó la esperanza de vida, abaratando además el costo de muchos productos y servicios, lo que permitió un mayor acceso.

Luego se presentó otro gran cambio con la producción en serie, que comenzó en la industria del automóvil difundiéndose luego a muchas otras industrias, lo que permitió aún más eficiencia y acceso a una población cada vez más numerosa.

Otra revolución posterior fue la introducción de la informática a las organizaciones. En la actualidad, el líder del Foro Económico Mundial, Klaus Schwab (2016), sostiene que estamos en la era de la cuarta revolución industrial, donde muchas tecnologías se están integrando y generando nuevas sinergias. Por ejemplo, la biotecnología, el internet de alta velocidad y las nubes de almacenamiento (Cloud) que permiten procesar datos en forma masiva y conocer más en detalle el comportamiento y preferencias del consumidor.

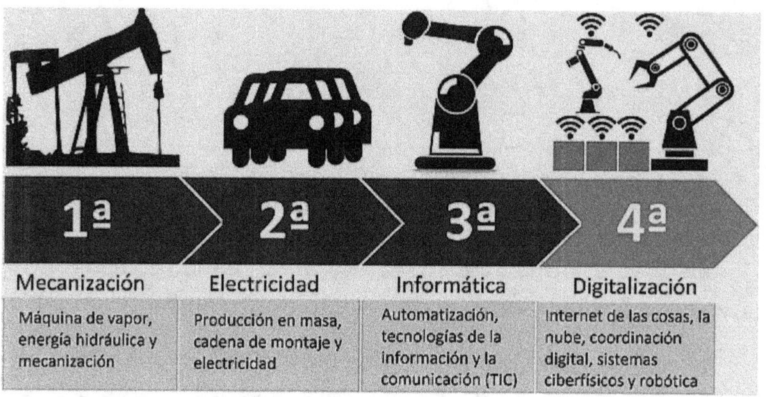

Grandes cambios tecnológicos. Fuente: revolucionindustrialmbaee.wordpress.com/3a-revolucion-industrial/

A veces estos cambios se producen en muy pocos años, por lo que generan desafíos adaptativos profundos. Hoy estamos viendo la eliminación de muchos puestos de trabajo, como cajeros, choferes, conserjes, secretarias, encargados de inventario, ventas telefónicas, entre otros, por bots o robots.

Innumerables tiendas, bancos o restaurantes han reducidos sucursales o se han virtualizado. Todos estos negocios requieren proyectos con gestión de cambio, lo que en muchos casos implica reducciones de personal y cambios de comportamientos y creencias en los empleados que quedan; los clientes también tienen que cambiar. Actualmente la IA está siendo causa de una gran revolución que también está eliminando puestos de trabajo de mayor complejidad.

GESTIONAR Y EVALUAR LA EFICIENCIA DE LAS VARIABLES ADMINISTRATIVAS Y PSICOSOCIALES

Una vez que el desafío adaptativo del cambio está definido y decidido, hay **variables y/o dimensiones que es necesario considerar y gestionar si queremos evaluar bien y velar por la efectividad**. Dijimos que antes de partir un proyecto con gestión de cambio necesitamos seleccionar las variables y/o dimensiones más críticas, evaluar bien desde dónde partimos o cómo partimos y, de acuerdo con esto, planificar qué tenemos que cambiar, qué debemos mantener o reforzar, y cuáles son las brechas más relevantes de abordar.

Para entender un proyecto con gestión de cambio existen distintos modelos, como el de Kurt Lewin, Kotter, Adkar y otros, aplicables a distintos tipos de cambios. Todos plantean etapas que es importante planificar cuidadosamente, lo que incluye decidir la forma en que serán evaluadas las distintas variables y/o dimensiones claves. Esto debe hacerse al comienzo para saber desde dónde partimos. También hay que estimar las brechas en el proceso para mantener el rumbo y no desviarse. Además, hay que evaluar los resultados y, sobre todo, aprender a consolidar y continuar mejorando. Todo esto se puede resumir en un cuadro como el que está en la página siguiente, en el que se muestran algunos ejemplos de variables claves.

Gestión de la planificación de un proyecto con gestión de cambio

La planificación es una de las variables más clásicas de un proyecto, sea técnico o adaptativo, así que nos centraremos en cómo gestionarla. Para comenzar, como ya hemos dicho conviene que la planificación sea hecha con realismo ya que los retrasos producen frustraciones e incertidumbre en el equipo de proyecto y en la organización. Para gestionar la planificación se puede recurrir, por ejemplo, a algunos programas o software, tales como **monday.com**, **asana.com/es**, **smartsheet.com** o **try.wrike.com**, entre otros.

También existen softwares más específicos para gestión de proyectos de cambio; pero, claro, la decisión dependerá de cuál es el tipo de proyecto.

Existen otros para proyectos de TI, tales como **manageengine.com** o **go.whatfix.com** o **walkme.com** y otros más genéricos, como **thechangeshop.com**, **esmgrp.com** (vinculado a la CMI) o **thechangecompass.com**.

	DIMENSIONES CLAVES							
	0 %		TIEMPO			100 %		
	Antes			Durante			Después	
Kurt Lewin	Descongelamiento			Cambio			Re-congelamiento	
John Kotter	Sentido Urgencia	Coalición y equipo de cambio	Crear visión de cambio	Comunicar visión de cambio	Empoderar a otros / Se eliminan obstáculos	Mostrar victorias tempranas	Consolidar los cambios	Anclar el cambio en la Cultura Organizacional
ERP y CRM	Planificación	Se crea el equipo de proyecto	Se crea el Business Blueprint	Business Blueprint	Realización	Preparación final	Salida en productivo	Operación y mantención

	ADKAR	Con-cien-cia	Deseo	Conoci-ci-miento	Habilidad			Reforzamiento	
1	Planificación								
2	Cumplimiento del presupuesto								
3	Cambio de las prácticas de la Cultura Org.								
4	Compromiso ejecutivos								
5	Plan de comunicación								
6	Compromiso trabajadores								

Pero si no queremos suscribir o pagar una aplicación también existen herramientas más clásicas, como la carta Gantt. De hecho, la mayoría de los softwares mencionados anteriormente incorporan esta herramienta.

Una buena práctica es que la construcción de la planificación sea participativa, al menos con los ejecutivos y con el equipo de proyecto, porque a veces ésta atraviesa todas las áreas y afecta a otros proyectos y subproyectos. Esto es algo más lento inicialmente, pero necesario para evitar resistencias y para darle rapidez posterior. A esto se refiere la expresión: "hazlo participar para que se comprometa".

La planificación cubre y coordina las actividades en las diversas variables a gestionar, y para partir es importante utilizar la información del diagnóstico previo en la que se identificaron las variables o dimensiones más críticas para cada proyecto y su estado inicial. Desde ahí podemos definir cuáles son las actividades que hay que planificar y evaluar con más detención.

Dado que la carta Gantt es una herramienta muy usada —como decíamos, incluso los softwares de gestión de proyecto la incorporan—, revisaremos algunas recomendaciones menores para su elaboración y uso:

1. Lo primero es partir por listar actividades y subtareas y determinar su secuencia temporal. Esto puede llevar un tiempo y requiere experiencia en el tipo de cambio a realizar porque implica visualizar todo el proyecto. Y, nuevamente, conviene chequear esta lista con los consultores expertos en el tipo de cambio específico.

2. Lo segundo es determinar los tiempos y plazos en forma realista para cada etapa y actividad y asignar un tiempo de realización a cada tarea o fase del proyecto. La longitud de las barras horizontales en el diagrama de Gantt es la que representa la duración de cada etapa.

3. Tercero, si la hacemos en una planilla Excel hay que construir un cuadro de doble entrada en el que tendremos, en el eje vertical, en la primera columna, las actividades, definiendo luego de quien depende o quien es el responsable de esa actividad. En la tercera columna van los plazos, que

generalmente están en semanas para las actividades más periódicas. Luego hay que agregar tantas columnas como semanas se requieran. Arriba, en el eje horizontal, van las etapas desglosadas en semanas.

Aquí un ejemplo básico de la estructura de una carta Gantt:

	Actividad	Responsable	Semanas	Etapa 1			Etapa 2			Etapa 3			
				S1	S2	S3	S4	S5	S6	S7	S8	S9	S10
1													
2													
3													

1. Programar las tareas rellenando, en el eje horizontal del anterior cuadro, los espacios con distintos colores para simbolizar a los distintos responsables si es necesario.

2. Asignar responsables para cada una de las tareas, de no hacerlo corremos el riesgo que la responsabilidad quede en "en terreno de nadie".

Abajo, un ejemplo de una carta Gantt con tareas responsables y semanas:

	Actividad	Responsable	Semanas	Etapa 1			Etapa 2			Etapa 3			
				S1	S2	S3	S4	S5	S6	S7	S8	S9	S10
1	Investigar	PEDRO (P)	2	(P)	(D)								
2	Analizar	JUAN (J)	1			(J)							
3	Proponer	DIEGO (D)	2				(D)	(D)					
4	Implementar	MARTA (M)	4						(M)	(J)	(M)	(M)	
5	Evaluar	LUISA (L)	1										(L)

En el siguiente enlace es posible ver un video que explica con más detalle cómo elaborar una carta Gantt: https://www.youtube.com/watch?v=MAO2KW81aVY&feature= emb_logo

Para evaluar la eficiencia de la planificación del proyecto, debemos hacer un seguimiento estrecho. Podemos hacer un control semanal o mensual, dependiendo de las distintas variables. Esto lo realizamos sobre la base de la Gantt o con las diversas aplicaciones de control de proyectos antes mencionadas.

A continuación un ejemplo de actividades relacionadas con la evaluación y control del plan:

	0 %			TIEMPO			100 %	
	Antes			**Durante**			**Después**	
PLANIFICACIÓN	Planificación Estratégica del proyecto definir KPIs claves y herramientas de evaluar el valor del proyecto	Programar el proyecto usando por ejemplo Carta Gantt	Reunirse con los ejecutivos claves para discutir la visión y planificación de cambio	Reunirse con Stakeholders explicar la visión, el plan del proyecto y recoger sus aprensiones e incorporar plan de mitigación de impacto	Reunirse para evaluar el avance del proyecto y tomar acciones para controlar los atrasos	Reunirse para evaluar el avance del proyecto y tomar acciones para controlar los atrasos	Reunirse para evaluar y tomar acciones para consolidar los cambios	Reunirse para evaluar el cumplimiento del presupuesto y planificar para próximos pasos o actualizaciones

Gestión del presupuesto

Esta es una actividad también conocida en el mundo de la administración por lo que sólo daremos algunas recomendaciones generales. Según Horngren, Datar, Rajan (2012), un presupuesto es la expresión cuantitativa de un plan de acción propuesto, en este caso de un proyecto determinado, y una ayuda para coordinar aquellos recursos que deberán estar disponibles para implementar dicho plan. Por tanto, este deber ser realizado después de la planificación.

Como dice Gbegnedji (2012), la exactitud de la estimación del costo de un proyecto aumenta según avanza el proyecto, de manera que es un proceso iterativo. Según esta misma autora, lo primero es estimar los costos de los recursos de un proyecto. Hay que considerar los recursos más relevantes a partir de la planificación o programación. Los costos del proyecto vienen determinados por el tipo y la cantidad de recursos, por lo que muchos de los montos de inversión relacionados a estos recursos dependen también del tiempo en que dichos recursos se van a utilizar para completar las actividades del proyecto, los que, como dijimos, suelen subestimarse en proyectos con gestión de cambio adaptativos, en parte porque hay aspectos inciertos y no predecibles o en parte por inexperiencia.

También se deben estimar los montos de la inversión para mitigar los impactos del cambio. Por ejemplo, ante el anuncio de una fusión de dos bancos, se estimó que había que despedir cerca de 700 personas. Si bien los empleados no lo sabían, porque no se había comunicado explícitamente la necesidad ni el número de despidos, lo presumían y, por tanto, ya había una gran inquietud y comenzaron a correr los "rumores". Por efecto de esto se había producido una notoria pérdida de productividad y una baja en los niveles de servicio. La alta dirección decidió ofrecer un plan de incentivos que consistía en una bonificación extra a quienes se retiraran voluntariamente, lo que implicaba pagar medio sueldo adicional a la indemnización legal por año de servicio, además de un plan opcional de reubicación tipo desvinculación asistida. Una vez comunicado el incentivo de retiro se inscribieron voluntariamente cerca de 800 personas, lo que calmó mucho el clima organizacional y el miedo al despido, con lo que la productividad y el servicio se recuperaron. Si bien este plan de mitigación tuvo un muy buen efecto y fue rentable, implicó un costo importante que hubo que presupuestar, pero que de todos modos salió mucho más barato que el efecto que implicaba la pérdida de productividad y el mal servicio.

Entre los montos de inversión directos más relevantes se encuentran los de recursos humanos, o mejor dicho de personas que participan directamente en el proyecto. Esto se puede calcular por las horas mensuales hombre o mujer (HH u HM), por ejemplo, sueldos de los miembros del equipo de proyecto según su dedicación, multiplicado por los meses que se estima que durará proyecto; se hace lo mismo con otros costos directos, como el arriendo de infraestructura y equipos. A esto se debe añadir los costos de consultores externos.

También se debe considerar la inversión directa, por ejemplo, en tecnología si se trata de un cambio como robotización, automatización u otro similar. Los costos indirectos son siempre más difíciles de estimar, en especial en los proyectos con gestión de cambio. Sin embargo, se pueden valorar, supongamos, el tiempo alternativo de las horas de capacitación de los usuarios clave, los costos de comunicación y los de mitigación de impacto.

Los presupuestos deben ser diseñados con realismo e incluir márgenes de desviación. Un buen presupuesto depende de una buena planificación, pero como ya dijimos, es un clásico que los objetivos no se cumplan en los plazos proyectados y los costos terminen siendo mucho más altos que lo planificado. Recordemos que esta situación es una de las cinco principales causas del fracaso de los proyectos de cambio, por lo que es mejor ser conservador o al menos realista con los costos —o, mejor dicho, con los montos de inversión— porque esperamos que la inversión genere beneficios y utilidades. Esto, además, implica siempre un riesgo importante para los líderes de proyectos y sus equipos más cercanos.

En variadas ocasiones hemos visto que ante proyectos que, por ejemplo, se salen de presupuesto o no demuestran claramente su efectividad, son los líderes del proyecto los que se ven directamente afectados, siendo los primeros en perder sus puestos de trabajo. Por consiguiente, ante un proyecto nuevo, una buena forma de estimar los montos de la inversión es consultar a los expertos o consultores especialistas en el tipo de cambio que se quiere realizar; por ejemplo, acerca de la duración, de los recursos involucrados e incluso de la estructura de los montos de la inversión, y hacer una estimación más realista, y luego defenderla con coraje.

A continuación un ejemplo de actividades que se pueden hacer para realizar una evaluación presupuestaria:

		PRESUPUESTO
0 %	**ANTES**	Definir participativamente con los miembros del equipo los montos directos e indirectos de la inversión, al menos lo más relevantes como HH o HM, infraestructura, equipos, consultores y posibles flujos futuro
		Revisar el presupuesto con expertos externos o internos con más detalle y luego aprobar con directorio o ejecutivos
		Reunirse para comunicar el presupuesto del proyecto con involucrados y aclarar dudas
TIEMPO	**DURANTE**	Reunirse quincenal o mensualmente para hacer control del presupuesto y tomar acciones para corregir desviaciones
		Reunirse quincenal o mensualmente para hacer control del presupuesto y tomar acciones para corregir desviaciones

100 %	DESPUÉS	Reunirse quincenal o mensualmente para hacer control del presupuesto y tomar acciones para corregir desviaciones
		Reunirse quincenal o mensualmente para hacer control del presupuesto y tomar acciones para corregir desviaciones
		Reunirse para evaluar el cumplimiento del presupuesto y definir próximos pasos

Gestión de las variables psicosociales

Para los proyectos con gestión de cambio, donde la adopción o uso de los usuarios es determinante para lograr eficiencia en los resultados, sería mejor definir las llamadas variables "soft" —entendidas como tales quizás por su condición de ser más intangibles— como las variables psicosociales o interpersonales.

Estas variables resultan especialmente trascendentes en este tipo de proyectos. Cada vez existe más acuerdo entre los especialistas respecto a que los proyectos de cambio comúnmente fracasan cuando no se consideran los aspectos "humanos", es decir, cuando no se consideran las dimensiones psicológicas y sociales de las personas.

Revisemos algunas de estas variables que conviene gestionar para velar por la eficiencia de los proyectos con gestión de cambio. Lo primero que hay que decir es que una característica de estos procesos de cambio es que son multicausales, no lineales y sistémicos, lo que los hace más intangibles y complejos. Entre las variables a considerar está la cultura organizacional, los procesos comunicacionales, el compromiso con el cambio de los gerentes y trabajadores, las competencias de los equipos y el aprendizaje individual, de equipo y organizacional, entre otros muchos.

Acerca del rol clave de las variables psicosociales o interpersonales, existe un gran acuerdo entre los expertos respecto a que resulta vital que sean gestionadas adecuadamente para obtener procesos de cambio realmente adaptativos. En esta parte las describiremos brevemente, dado que existe una inmensa literatura al respecto. Después analizaremos más detalladamente cómo realizar dicha gestión para lograr resultados lo más eficientes posibles.

La gestión de la Cultura Organizacional

Según Edgar Schein (1988, p. 23), la cultura organizacional se define por un conjunto de presunciones y creencias compartidas por los miembros de la organización. Incluye los valores, que muchas veces difieren de los declarados por las organizaciones en sus sitios webs y que lucen bien en anuncios pegados en los muros, porque una cosa son los valores que queremos tener y otra muy distinta los que realmente nos mueven. Algunos de estos son invisibles a los miembros de la organización, por tanto, quedarse con los valores declarados puede ser algo superficial y engañoso. Esta distinción es relevante porque para su diagnóstico e intervención posterior no basta con dar una mirada superficial a los valores declarados, sino que es necesario observar las prácticas culturales y estudiar la historia de la organización. Esto implica identificar los valores de los fundadores o gerentes, estudiar sus símbolos, escuchar los relatos que se cuentan y conocer a fondo las figuras históricas de la organización.

La Cultura Organizacional se construye a través de la historia de la organización a partir de los valores de los dueños o fundadores. Hay que poner especial atención en la manera en que la organización superó las crisis adaptativas que le tocó enfrentar, tanto con el medio externo o en sus crisis internas.

Por ejemplo, en Chile se podría estudiar cómo una empresa determinada se adaptó al periodo de crisis de 1983 o a los terremotos, o cómo supero la pandemia. Los métodos utilizados para resolver estas crisis adaptativas hablarán mejor que nada de su Cultura Organizacional.

Todas estas crisis adaptativas se fijan en el colectivo a través del aprendizaje de creencias y valores acerca de la mejor forma de enfrentar los problemas. Estas formas se trasmiten a los nuevos miembros sin que estos conozcan sus orígenes. Son construcciones explicativas más o menos compartidas. Dichos valores, prácticas y creencias pueden ser deconstruidas y luego reconstruidas y reaprendidas.

Sin embargo, el cambio de las prácticas culturales no es un proceso fácil porque se trata de modificar creencias, valores y presunciones que suelen estar muy arraigadas, muchas veces a un nivel no consciente. Es importante aclarar que, en el momento de considerar un proceso de cambio organizacional, es posible que no sea necesario hacer un tremendo esfuerzo en cambiar toda la Cultura de la Organización, sino sólo aquellas creencias, presunciones o valores que dificultan más el cambio que deseamos implementar. Esto hace más realista y menos titánica la tarea del cambio cultural, pero requiere de un diagnóstico más fino de los componentes de dicha cultura que entorpecerán dicho cambio, porque de hecho hay otros que quizás sirven o son neutros.

Algunos gerentes creen que sólo con dar órdenes la Cultura Organizacional va a cambiar, pero estoy no es así. Una forma de empezar a cambiar los patrones de comportamiento es partir por modificar las creencias gerenciales y comunicarlas con el ejemplo más que con bonitos discursos. "Las palabras se las lleva el viento", dice el refrán.

Como dijimos, la Cultura Organizacional se traduce en prácticas concretas y comportamientos observables, reglas explicitas o implícitas, que definen "cómo hacemos las cosas aquí". Tal y como explicamos anteriormente, hay que diagnosticar la Cultura Organizacional en el comienzo de un proyecto de cambio porque es vital saber qué aspectos serán funcionales al cambio y cuáles lo obstaculizarán. Es muy importante saber lo que nos va a poner piedras en el camino y saber qué brechas debemos trabajar. A partir de esto se puede diseñar un plan de cambio, de re-perfilamiento de la cultura organizacional.

¿Cómo evaluaremos la transformación de la Cultura Organizacional en el proceso del proyecto de cambio?

Como decíamos, hay que tener en cuenta que la cultura organizacional tiene elementos explícitos y otros más invisibles para los miembros de la misma organización, lo que agrega complejidad a la evaluación. Por lo tanto, no basta o no es del todo útil preguntar directamente en un cuestionario o encuesta sobre la manera en que entendemos qué es la cultura organizacional de nuestra empresa o la manera en que esta ha cambiado en el tiempo.

Hay aspectos que pueden evidenciarse más claramente para los miembros de las organizaciones cuando hay momentos de comparación; por ejemplo, cuando hay una fusión entre dos organizaciones, es decir, cuando distintas Culturas Organizacionales "chocan" y se evidencian los estilos y las prácticas diferentes. Es lo que sucedió en la fusión de la línea aérea chilena LAN con la brasilera TAM. A los integrantes de ambas compañías se les hicieron nítidamente patentes las diferencias entre la forma en que hacían las cosas ellos en comparación a los de la otra organización.

Pero esto no sucede siempre, las más de las veces no es tan fácil apreciar la cultura organizacional desde adentro, como por ejemplo, cuando hay cambios de tecnologías o de procedimientos, porque no hay con qué o con quien compararse.

Para evaluar la evolución del cambio de las prácticas culturales en distintos momentos del proceso son más útiles las metodologías cualitativas o metafóricas, como los grupos focales. Así se puede evidenciar más claramente cómo están cambiando las prácticas culturales, pero se requiere de facilitadores grupales experimentados en este tipo de evaluaciones.

A continuación presentamos un cuadro con ejemplos de posibles hitos en la evaluación de la cultura organizacional en el proceso:

CULTURA ORGANIZACIONAL							
0			**TIEMPO**			**100**	
Antes			**Durante**			**Después**	
Diagnosticar la Cultura Organizacional al inicio	Evaluar los impulsores y restrictores de la cultura organizacional con relación al proyecto	Planificar el cambio o re perfilamiento de las prácticas culturales	Lanzamiento del proyecto (actos rituales y simbólicos) y saturar a la organización con la visión	Evaluar la reacción cultural ante el proyecto y se hacen generan mensajes impulsores	Evaluar la reacción cultural ante el proyecto y se hacen generan mensajes impulsores	Declarar la nueva cultural, las nuevas prácticas organizacional o como se ha re perfilado esta	Celebran los logros y héroes y segur reforzando las nuevas prácticas culturales y sus beneficios

La Cultura Organizacional se aprende vía socialización, observando lo que es premiado y castigado, escuchando relatos de cómo y porqué la organización superó desafíos históricos o recalcando los valores de los fundadores, dueños y/o gerentes claves.

Las creencias, valores y patrones culturales se cambian con perseverancia, con líderes que desafíen el *statu quo* y que modelen con el ejemplo. Le creemos más al comportamiento que a las palabras, aunque también se modifica con un discurso coherente con el comportamiento. También es necesario echar mano de rituales y premiaciones que comuniquen, a nivel simbólico, la importancia del cambio y que expliciten porqué creemos en los nuevos valores.

La gestión del compromiso de los líderes

Evidentemente, la cuestión del poder y del mando es clave en todo proyecto de cambio. El liderazgo incluye, por cierto, a la alta gerencia de las empresas, a los líderes intermedios, a los supervisores, y también a los dirigentes de las organizaciones comunitarias, juntas de vecinos, etc. En general concierne a todos quienes tienen el poder formal de influenciar el comportamiento del resto de los miembros de una organización, entre los que se cuentan, por cierto, los dirigentes sindicales. Sin el apoyo y alineamiento de los líderes es casi imposible implementar cambios organizacionales. Además, los trabajadores le creen más al comportamiento de las jefaturas que a sus declaraciones.

Más allá de lo anterior, que puede resultar algo obvio, hay que hacer algunas distinciones. Por ejemplo, decir que, si bien la mayoría de las organizaciones son jerárquicas y debieran ser disciplinadas, la obediencia ciega no es tan ciega, ni siquiera en las Fuerzas Armadas. Muchos gerentes están constantemente exigidos en su desempeño en sus áreas funcionales y tienden a sustraerse de los procesos de cambio ya que el negocio debe seguir funcionado. De tal manera que suele suceder que las exigencias de estos procesos se vean afectadas de manera relevante al interior de las organizaciones por la propia naturaleza del negocio, o, lo que es peor, es frecuente que otras iniciativas compitan con el proyecto de cambio, por lo que es legítimo que se cuestionen explicita e implícitamente sus requerimientos.

En todo proyecto, en especial en los que implican gestión de cambio, habrá siempre líderes que compartan la urgencia y los beneficios de cambiar, mientras que habrá otros que derechamente se resistan, en la mayoría de los casos sin declararlo por temor a parecer desleales. Es decir, el compromiso de los líderes no es homogéneo. Gestionar el compromiso de cada vez más ejecutivos y líderes formales e informales para que apoyen progresivamente el proyecto de cambio es parte de un proceso que ha de ser planificado y constante para lograr que finalmente los cambios se lleven a cabo.

Asociado el nivel directivo, está la dimensión del poder. Las organizaciones se pueden leer también como un tejido de poder. Como decía Michel Foucault, el poder no es una sustancia, se ejerce, está distribuido en el tejido social, en el tejido organizacional en este caso. Y no siempre implica algo negativo o represión (Ávila-Fuenmayor 2006).

También tiene que ver con materializar intereses comunes y hacerlos coincidir con los personales. Por eso cuando las organizaciones se enfrentan a cambios, las certidumbres se ven amenazadas y las lealtades se ponen a prueba.

En su la dimensión política las organizaciones son redes de conversaciones que sólo son posibles si hay acuerdos entre personas, explícitos o implícitos, conversaciones orientadas a satisfacer intereses comunes de diversos actores unidos sobre la base a la confianza. Gestionar el cambio implica reconfigurar el poder y "tejer" nuevos acuerdos que permitan mejores coordinaciones. Esto puede demorar algo de tiempo, pero se puede gestionar.

Evaluar el compromiso de los ejecutivos o gerentes es también una dimensión clave a gestionar. Es un tema complejo para algunos, porque el cambio puede implicar una amenaza a su poder. Como se dijo anteriormente, es normal que al comienzo no todos los ejecutivos compartan el sentido de urgencia del proyecto; algunos incluso pueden tener dudas razonables porque los proyectos de cambio pueden desviar recursos y postergar otros proyectos y afectar sus metas y bonos. Además, habitualmente puede verse afectado negativamente al servicio y/o la productividad, sobre todo durante el proceso de implementación. Por tanto, hay que identificar cuáles ejecutivos apoyan el cambio y cuáles no, y luego hacer un mapa que cruce el poder e influencia de éstos y mida su grado de compromiso. Porque no es lo mismo un gerente con poder que no apoye el proyecto que uno con poco poder que sí lo apoye. Es posible tomar acciones distintas en ambos casos.

El siguiente cuadro muestra las combinaciones entre poder y compromiso con el proyecto, definiendo posibles acciones para cada grupo:

	Bajo poder	Alto poder
Alto compromiso con el proyecto de cambio	Asignar funciones de apoyo	Informar periódicamente y asignar roles de liderazgo en el proyecto, por ejemplo, con otros interesados
Bajo compromiso con el proyecto de cambio	Observarlos	Asignarles un informador hacer seguimiento estrecho y tenerlos cerca en términos de comunicación

Es muy importante, ciertamente, trabajar desde el comienzo con los ejecutivos con poder que comparten el cambio. Pero es esencial trabajar con los que tienen poder y no comparten las razones o la urgencia del cambio, de modo de ir involucrándolos progresivamente. Es una buena práctica tenerlos cerca, prestarles atención, escucharlos, de lo contrario serán permanentes detractores o saboteadores del proyecto.

Para trabajar su compromiso en el proceso es conveniente hacer reuniones periódicas de conversación en las que exista un diálogo bidireccional abierto para ir informando sobre los avances del proyecto, informando tanto los logros como los problemas que surgen en el camino. Es necesario atender sus inquietudes e incorporar sus dudas y recomendaciones; muchas veces con sólo escucharlos disminuye su resistencia y a veces se trasforman en los más entusiastas aliados. No hay peor enemigo que un líder con poder que se siente ignorado.

Abajo un cuadro con ejemplos de acciones que se pueden hacer en el proceso del proyecto de cambio para evaluar y monitorear el compromiso de los ejecutivos o gerentes con el proyecto:

Compromiso de las jefaturas							
0 %		TIEMPO					100 %
Antes			Durante				Después
Se hace un diagnóstico o mapa de los ejecutivos más comprometidos y los que tienen más resistencias	Hacer un plan para que ejecutivos con más compromisos apoyen a los más resistentes los más proclives al cambio	Formar con los ejecutivos un el comité líder del cambio y conversar, levantar y manejar sus objeciones	Darles a los ejecutivos roles de comunicadores de las ideas fuerza del proyecto	Reunirse con todas las jefaturas para evaluar avances del proyecto, trabajar las resistencias aún presentes	Reunirse con el comité líder para evaluar avances del proyecto y mostrar victorias tempranas	Reunión con el equipo líderes para evaluar el avance del proyecto	Implementar con los lideres medidas para que consoliden los cambios

Gestionar el compromiso de los trabajadores

Esta es también una variable fundamental que se suele subestimar en proyectos con gestión de cambio, en especial en organizaciones jerarquizadas, en las que se supone que una orden implica obediencia.

La clave de la eficiencia en este tipo de proyectos está en que los usuarios clientes y/o trabajadores cambien su comportamiento y adopten los cambios. Si los trabajadores no están convencidos del beneficio del cambio para ellos, será muy difícil que lo incorporen. Es normal que existan temores, pero si hay mucha resistencia será muy lenta su adopción, y quizás estaremos hablando, en el mejor de los casos, que el proyecto fue eficaz pero no eficiente. Recordemos que hay proyectos que fracasan y otros muchos que logran los objetivos, pero en un tiempo más largo y a un costo más alto, lo que no es eficiente. Muchas batallas se han perdido por sobrevalorar la obediencia. La "moral de la tropa" es clave para la victoria.

Por otro lado, hay que distinguir entre informar y comunicar; esta última implica un dialogo bidireccional, lo que puede tomar más tiempo, pero, sin compromiso, el tiempo para que se asienten las nuevas prácticas serán aún más largos. En un esfuerzo de cambio que implica a las personas o usuarios no basta con que estos estén al tanto o entrenadas, se requiere su disposición y su real voluntad porque se trata de una tarea extra que se suma a las obligaciones que ya tienen, las cuales no van a dejar de realizar; es decir le estamos pidiendo un sobreesfuerzo no menor.

Es conveniente evaluar el compromiso de los trabajadores organizados en sindicatos en las distintas etapas, partiendo por el diagnóstico inicial. El ideal es entrevistar tempranamente a los dirigentes sindicales y evaluar su opinión. Lo primero es explorar su predisposición a responder preguntas como: ¿Qué saben del proyecto de cambio? ¿Qué opinión tienen sobre cómo afectaré el proyecto a sus asociados? El objetivo es estimar cuál será su reacción ante el proyecto y planificar cómo mitigar las posibles obstrucciones. Luego de esto es necesario hacer mediciones periódicas. Como si fuera un termómetro, hay que tomar la temperatura con cierta regularidad, por ejemplo, en forma mensual, dependiendo de la magnitud del impacto del proyecto. Hay proyectos de cambio que han sido detenidos o demorados por los sindicatos.

El compromiso de los trabajadores puede ser evaluado colectivamente con los trabajadores organizados en sindicatos conversando con sus directivas, y con los no organizados recurriendo a encuestas anónimas rápidas y grupos focales. Ambos tipos de evaluaciones son relevantes y complementarias. Para evaluar el compromiso de los sindicatos conviene, sin duda, realizar la medición a través de herramientas como la entrevista en profundidad sobre la base de una pauta semi estructurada. Ambas mediciones se pueden alternar y complementar, tal como se ejemplifica en el siguiente cuadro:

Compromiso de los trabajadores						
0 %		**TIEMPO**			**100 %**	
Antes		**Durante**			**Después**	
Planifica como se va a evaluar el compromiso de los trabajadores y sindicatos.	Evaluar la opinión de los sindicatos sobre el proyecto y planificar acciones para mejorar el compromiso.	Evaluar la opinión los trabajadores sobre expectativas acerca del proyecto, y planificar un plan para mitigar el impacto percibido y no percibido pero real.	Se evalúa la opinión de los sindicatos sobre los avances del proyecto y se planifican acciones correctivas para mejorar el compromiso.	Evaluar directamente la opinión los trabajadores sobre los avances del proyecto, y planificar acciones para cuidar el compromiso.	Se evalúa la opinión de los trabajadores y sindicatos sobre lo que falta para consolidar el proyecto y se toman acciones de reforzamiento de hábitos.	Seguimiento en base a muestras.

Cuidar el desempeño del equipo de proyecto

Contar con un **equipo de proyecto competente y de alto desempeño** es también clave para transitar exitosamente hacia el cambio organizacional. Se debe contar con un equipo de proyecto de cambio adecuado, en especial con un líder de proyecto que, además de tener las competencias técnicas, tenga también las capacidades motivacionales y las habilidades blandas que mejor se relacionen con el tipo de proyecto de cambio a implementar.

Muchas veces los lideres y miembros del equipo son seleccionados por ser expertos en los procesos internos relacionados, aunque no sean tan buenos en la nueva tecnología, la nueva estructura o el tipo de cambio que se propone, ni tengan las habilidades psicosociales que implica transmitir los beneficios del cambio, comunicar los avances del proyecto y generar compromiso. Suele suceder que los seleccionados sepan mucho de los procesos y sistemas y conozcan a los clientes, pero que no entiendan en profundidad la complejidad del desafío adaptativo ni la importancia de trabajar las resistencias. También es común que minimicen las complejidades políticas que requiere un proyecto con gestión de cambio. Una buena manera de subsanar este inconveniente es, por ejemplo, seleccionar correctamente, brindar entrenamiento adecuado e integrar consultores expertos en los tipos de cambio específicos que se van a desarrollar, lo cual puede implicar la necesidad de añadir al proyecto a personas externas. Otra estrategia importante, en caso de que el líder de proyecto no tenga las habilidades interpersonales o políticas requeridas, es que se le apoye con un coaching laboral.

El desafío del liderazgo adaptativo, como dicen Heifeltz y Linsky (2003), implica vivir peligrosamente porque cuando se conduce a las personas a través de un cambio difícil se desafían sus hábitos cotidianos, sus herramientas, sus lealtades y su manera de pensar. Un líder de proyecto requiere exhibir tener un liderazgo firme, pero cercano.

Por otra parte, es común que los miembros del equipo de proyecto partan con mucho entusiasmo —después de todo, son "los elegidos"—, pero que con el pasar de los meses muestren mucho cansancio y estrés con el proyecto, porque suele suceder que, además, han debido seguir cumpliendo con sus funciones normales, lo que, en la práctica, les supone un doble esfuerzo. A veces puede aflorar también algo de incertidumbre, por lo que es importante generar espacios de conversación y desahogo, así como de reflexión sobre los aprendizajes.

La gestión del apoyo de los "otros interesados"

El término inglés **stakeholders** dice relación con los otros interesados la organización. Estos son los actores que por diversas razones se ven afectados por la organización. Por lo general, se entiende que estos interesados son externos. En este grupo están las comunidades, los clientes o usuarios, acreedores, proveedores, municipalidades, organismos del Estado, como entes reguladores y otros.

En esta materia la forma de evaluación tiene que ser más cuidadosa por tratarse, en muchos casos, de relaciones públicas críticas. Igualmente, estos otros interesados pueden partir con un nivel de duda o temor. Esto requiere, en primer lugar, identificar la importancia de cada uno para el proyecto, lo que implica hacer un diagnóstico previo. Es una buena práctica que la evaluación sea principalmente con metodologías cualitativas sobre la base de entrevistas individuales y/o grupales. Hay que escucharlos abiertamente y levantar información comprensiva y relevante que permita, a su vez, comparar las posibles reacciones entre los distintos actores. Por ejemplo, entre los reguladores o acreedores más relevantes, facilitando también la comparación de la predisposición previa de los otros interesados claves.

Muchas veces es importante evaluar la opinión de las comunidades y organismos territoriales. Por supuesto, esto va a depender de la industria en que esté inserta la organización. En industrias como la minería, la silvicultura, la acuicultura, la agricultura y la pesca, entre otras, la relación con las comunidades es muy relevante y resulta crucial construir confianzas, lo que no es fácil por diversos motivos.

A veces, importantes proyectos de cambio han sido paralizados o al menos detenidos por las presiones de comunidades organizadas sobre los organismos públicos o actores políticos. Recordemos, por ejemplo, lo que pasó recientemente en Chile con el caso de la minera Dominga en la IV región, el caso de Agrosuper en Freirina o el Data Center de Google en Cerrillos. Todos eran proyectos muy rentables y factibles en lo técnico, que además prometían generar muchos puestos de trabajo. Pero de todos modos fueron paralizados o al menos postergados. Particularmente en este tipo de casos la opinión de las comunidades tiene que ser prolijamente estudiada y comprendida, fundamentalmente debido a las repercusiones sociales y políticas de la implementación de proyectos de esta envergadura, considerando la complejidad de factores involucrados, como la creciente preocupación por los problemas ambientales.

La gestión del plan comunicacional

Generar compromiso con el cambio también implica el diseño y gestión de un **plan de comunicación**. La comunicación debe hacerse con mensajes claros y graduales, pero sobre todo creíbles para los distintos actores involucrados, ejecutivos, empleados, sindicatos, proveedores, clientes, comunidad y Estado, entre otros interesados. Para ello se requiere realizar un acabado planeamiento previo de los mensajes que se necesitarán en las distintas etapas del proyecto y elegir los medios a utilizar en todas las fases del proceso de cambio para los distintos actores relevantes, independientemente que luego se pueda cambiar este plan.

Como ya dijimos, se suelen confundir los planes de información con los planes de comunicación. Los primeros suelen ser descendentes y unidireccionales, los segundos son bidireccionales, pues permiten la retroalimentación entre las partes contemplando estrategias para crear confianza no sólo en el mensaje sino también en el mensajero. Los planes comunicacionales son más demandantes en habilidades, recursos y tiempo, pero son claves para mitigar la incertidumbre y evitar las resistencias naturales de las personas a los proyectos con gestión de cambio, que además se dan en entornos tipo V.I.C.A. (volátiles, inciertos, cambiantes y ambiguos), donde siempre pueden aparecer sorpresas imposibles de prever. Estos planes deben ser tanto generales como segmentados por grupos de interés, pues no todos los grupos son afectados de la misma forma ni tienen las mismas inquietudes.

Como decíamos, podemos entender a las organizaciones como una red de conversaciones y acuerdos entre personas. Por tanto, hay que crear los espacios de dialogo. También hay que considerar las conversaciones mediante las cuales se pactan los cambios en la estructura y en los procesos. Y es necesario conversar sobre los beneficios de la tecnología que se requerirá usar para obtener los resultados esperados. Estos acuerdos deben ser comunicados a los trabajadores, clientes o usuarios, así como a los otros interesados. Los acuerdos también pueden ser deconstruidos y reconstruidos bajo una forma nueva más adaptativa.

En los proyectos con gestión de cambio se requiere tanto informar como comunicar. Ambas acciones son necesarias, pero para reducir la incertidumbre y mantener la credibilidad son mucho más útiles los espacios de conversación franca, pero empática, pues supone la creación de instancias de diálogo en que exista la posibilidad de realizar consultas, plantear críticas y dudas con sinceridad, dar buenas y malas noticias o comentar que aún no están claras todas las decisiones. Comunicar sólo las buenas noticias mina la credibilidad. Muchas veces se cree erróneamente que con una serie de mails o publicaciones informativas es suficiente. Pero en los proyectos con gestión de cambio se requiere diseñar e implementar un plan de comunicaciones. Es imprescindible identificar los mensajes a comunicar en las distintas etapas y a los distintos auditorios, tales como jefaturas, trabajadores en general, proveedores, clientes, comunidades, entre otros, y tener, sobre todo, retroalimentación de cómo se reciben los mensajes. Se necesita segmentar la comunicación de acuerdo con el grado de afectación y criticidad.

Cuidar la confiabilidad de los emisores en vital. La confianza y la credibilidad no se crean sólo con el discurso verbal, sino con el comportamiento coherente de los ejecutivos y jefes de área. Por tanto, es una buena práctica darles a éstos un rol en la comunicación formal y, por supuesto, ser responsable preparándolos para responder lo que saben y no responder lo que no saben, pero sabiendo canalizar las dudas. Es importante comunicar con veracidad y oportunidad, pero un exceso de cautela y reserva puede ser perjudicial porque la ausencia de información genera aún más incertidumbre favoreciendo el surgimiento de rumores. Muchas veces un rumor puede tener cierta cuota de verdad, pero también mucho de fantasía o de temores. El rumor no se puede prohibir por decreto porque es un canal informal natural por definición incontrolable que surge espontáneamente para mitigar la incertidumbre, sólo se puede competir con este, con información frecuente, oportuna y fiable.

Otra buena práctica para informar es elegir un "patrocinador" o "sponsor" que cuente con la confianza de todos por su trayectoria y su desempeño. Como emisor, el patrocinador aporta su credibilidad para generar la confianza inicial. Tiene que informar el cambio, su beneficio y su urgencia. Siendo un mensajero(a) que inspire a movilizarse, puede ser o no el líder de proyecto, pero necesita estar muy coordinado con todas las áreas. Una vez identificados los destinatarios claves y habiendo realizado el diagnóstico inicial acerca de su disposición al cambio, se puede hacer una matriz de comunicación en la que, por ejemplo, se ponga en el eje vertical a los distintos destinatarios y en el horizontal las etapas clave del proyecto. Dentro del cuadro podemos identificar los principales mensajes que circulan por cada uno de los destinatarios según las etapas, y definir los medios y los emisores más creíbles.

En el siguiente cuadro se mencionan ejemplos concretos de acciones de comunicación orientadas a los distintos segmentos objetivos en las distintas etapas del proyecto del cambio:

		Toda la organización	Ejecutivos	Empleados	Sindicatos	Otros interesados
0%	ANTES	Formar el equipo de cambio y comunicación y trabajar en la redacción de la visión de cambio	Informar del propósito del proyecto y hacer participar			
		Desarrollar la visión y camino a seguir	Formar el equipo líder e identificar los beneficios y riesgos o impactos del proyecto y planificar mitigación			

		Hacer un plan de comunicación con mensajes generales y segmentados. En especial se prepara el lanzamiento	Acordar la visión del cambio con los ejecutivos; acordar el presupuesto para el proyecto	Alinear los sistemas de Recursos Humanos con el cambio, sistemas de evaluación e incentivos		Diseñar una presentación acerca del proyecto, posibles beneficios o mitigaciones y compensaciones si es necesario
TIEMPO	DURANTE	Lanzamiento o Kick-off del proyecto; comunicar a toda la organización	Recoger y difundir testimonios de algunos ejecutivos proclives sobre los beneficios del proyecto	En Kick-off, informar del propósito del proyecto, beneficios para la organización y para los trabajadores	Informar del propósito y beneficios del proyecto. Recoger su opinión acerca de su disposición y posibles impactos en los trabajadores	Informar del propósito del proyecto, beneficios o mitigaciones. Recoger su opinión sobre los posibles impactos para las comunidades
		Comunicar avances, testimonios e hitos importantes a través canales bidireccionales, como cascada de reuniones	Revisar con ejecutivos la evolución de los impactos, avances y obstáculos; asignarles roles	Evaluar resistencias y opinión acerca de los avances y brechas. Comunicar planes de mitigación de impactos reales, desmitificar los no reales	Comunicar políticas de mitigación de impactos y recoger su opinión	Comunicar plan de mitigaciones y compensaciones de impactos y recoger opiniones
		Comunicar logros (victorias tempranas), testimonios y evaluar comunicación	Recoger y difundir testimonios de éxito tempranos de algunos ejecutivos proclives al proyecto, para comunicarlos	Comunicar los éxitos tempranos del proyecto e identificar héroes. Evaluar su opinión acerca de la credibilidad de los mensajes. Comunicar planes de mitigación	Evaluar evolución de la marcha del proyecto y de los impactos y efectos de la mitigación	Evaluar evolución del proyecto y de la valoración del efecto de la mitigación

100%	DESPUÉS	Comunicar logros y testimonios de consolidación	Involucrar a los ejecutivos en la premiación de los héroes y equipos destacados	Comunicar testimonios de consolidación de prácticas nuevas. Evaluar la opinión sobre impactos y marcha del proyecto	Evaluar evolución de la consolidación del proyecto y de los pendientes de apoyo	Evaluar los impactos y mitigar
		Comunicar logros, héroes, acciones de consolidación y próximos pasos para asentar	Involucrar a los ejecutivos en la revisión de pendientes a consolidar y cambios después del cambio	Comunicar la evaluación de resultados y próximos pasos	Comunicar la evaluación de resultados, pendientes y próximos pasos	Comunicar las logros y próximos pasos

Para evaluar el plan de comunicación es importante saber qué tan informados y alineados están los distintos actores, empezando obviamente por las jefaturas, trabajadores, sindicatos y otros actores relevantes, como las comunidades en que se insertan los proyectos.

Es importante tener un encargado(a) o un equipo de comunicaciones que diseñe en forma temprana un **Plan de Comunicaciones**, que ha de ser implementado paso a paso. Idealmente, este plan debe ser preparado con la asesoría de expertos en comunicación para el cambio, ojalá para el tipo de cambio específico que introduciremos.

La efectividad de este plan será evaluada en función de la evolución del proyecto y la progresión en la adopción del cambio por parte de los usuarios de modo de saber cómo están recibiendo la información todos los actores relevantes.

También hay que evaluar y cuidar la credibilidad de los medios y emisores, de lo contrario todo mensaje posterior no será creído. Recordemos que el rumor surge siempre con demasiada rapidez para suplir los vacíos en la comunicación. Siempre estamos en competencia con los rumores, es una ilusión tratar de prohibirlos.

La gestión de los aprendizajes a nivel individual, de los equipos y de la organización

El aprendizaje es, probablemente, una de las claves de la inteligencia adaptativa. Como decía Darwin, "no son los más fuertes los que sobreviven, sino los que aprenden a adaptarse más rápido". Tal vez una de las características más esenciales de los seres humanos es la capacidad de aprender a resolver nuevos desafíos. El desarrollo de la IA basa mucho de su progreso en el *Maching Learnig* porque la inteligencia equivale a aprender a resolver problemas.

Revisemos brevemente qué entendemos por **aprendizaje**. Ciertamente no hay una sola definición. Para las llamadas escuelas de aprendizaje conductual, el aprendizaje es un cambio relativamente permanente producto de la interacción con el ambiente y está condicionado por las consecuencias del comportamiento, en especial si entendemos dichas consecuencias en términos de beneficios o pérdidas o, dicho de otro modo, de premios o castigos. Este es el aprendizaje operacional (Skinner). También está el aprendizaje clásico, que asociamos a estímulos (Pávlov), y el aprendizaje social (Bandura), en que aprendemos observando a otros.

Por cierto, este último es muy importante en las organizaciones. Aprendemos con el modelo de los jefes y compañeros a los que respetamos por su desempeño. Por otra parte, como dice Vygotsky (1978), para el constructivismo social el aprendizaje no consta únicamente de una acumulación de conocimientos, sino que es el mismo aprendiente, a través de su experiencia y de la interacción con otros, el que construye esos conocimientos y los adapta a los que ya posee. Es decir, un aprendizaje se convierte en significativo o relevante para las personas si les sirve para resolver desafíos relevantes.

Como dijimos, un proyecto de gestión de cambio debe aspirar a generar una transformación. Esto, a nivel de las personas, involucra un proceso de aprendizaje de los individuos, de los equipos e incluso de la organización en su totalidad. En los procesos de transformación se busca generar aprendizajes y transformar la Cultura de la Organización, de modo que esta favorezca una mejor adaptación al entorno externo e interno.

A continuación, revisemos los distintos niveles:

El aprendizaje de las personas adultas. Este tipo de aprendizaje se puede evaluar en distintos niveles, ya sea de conocimientos, habilidades o actitudes. Aquí entramos en el terreno de la educación de adultos, conocida como ***Andragogía***. El término aparece en el año 1833 en el libro "Las Ideas Educacionales de Platón", de Alexander Kapp, pero fue popularizado por el docente estadounidense Malcome Knowles en el año 1984. Este último define la andragogía como "el arte de enseñar a los adultos a aprender".

Los adultos, a diferencia de los niños, somos más activos, queremos saber para qué nos va a servir lo que vamos a aprender en el contexto laboral. Si entramos a un curso o taller, u otra actividad de entrenamiento, solemos tener juicios o prejuicios, dependiendo de nuestra experiencia laboral previa. También queremos aplicar lo aprendido y, sobre todo, pretendemos que nos sirva, que nos beneficie de algún modo.

Los aprendizajes deben responder a los objetivos planteados, los que pueden concebirse en diferentes niveles de complejidad. Para esto existen algunas clasificaciones o taxonomías de tipos de aprendizaje, siendo las más comunes las de Bloom (1956) y Marzano (2007).

Ambas ayudan a plantear objetivos de aprendizaje en distintos niveles de complejidad y coinciden en recomendar verbos que definan una acción más específica y medible. Por ejemplo: para aprendizajes más básicos y puramente cognitivos, recomiendan usar determinados verbos. Ejemplo: "NOMBRAR los cuatro pasos del RCP" (Resucitación Cardiopulmonar). También hay otros verbos para aprendizajes más complejos, como, por ejemplo: "APLICAR los cuatro pasos del RCP". Esto es más complejo porque no sólo implica el anterior aprendizaje de conocer los cuatro pasos del RCP, sino que sube el nivel de exigencia porque requiere, además, saber aplicar el procedimiento de cuatro pasos del RCP.

Según estos autores hay verbos mejores que otros; por ejemplo, es mejor redactar un objetivo específico de aprendizaje partiendo por "APLICAR los cuatro pasos del RCP", que partir un objetivo de aprendizaje por el verbo "DESARROLLAR los cuatro pasos del RCP". Aplicar es menos ambiguo, más observable, mucho más medible o evaluable.

De acuerdo con estos niveles de complejidad, Bloom y Marzano sugieren verbos para redactar los objetivos de aprendizaje de diferentes complejidades, por ejemplo:

- Al finalizar del curso los participantes serán capaces de *construir un nuevo procedimiento para evaluar los cambios en la cultura organizacional.*

- Al finalizar el taller los participantes serán capaces de *aplicar una técnica para asignar costo y gastos en el plan de cuentas de la organización.*

- Al finalizar este curso de inducción u *on boarding, los nuevos trabajadores recordarán los valores de la organización.*

El primer caso es más complejo, por cierto, porque "construir un nuevo procedimiento para evaluar los cambios en la cultura organizacional" implica conocer primero cómo evaluar los cambios culturales. Para esto se requiere, además, conocer y también aplicar técnicas de creatividad grupal que permitan "CREAR un nuevo procedimiento...".

La metodología de enseñanza y aprendizaje también tiene que ser coherente con el desafío creativo. Y una metodología de evaluación tiene que permitir evidenciar los resultados a nivel de creación. Un buen ejemplo de metodología para evaluar podría ser una rúbrica con criterios y niveles predefinidos.

El segundo ejemplo es un poco más simple porque implica primero conocer el plan de cuentas de la organización, pero luego identificar que es gasto y que es costo y luego asignarlos correctamente.

El tercero es aún más simple o menos desafiante porque basta que los participantes memoricen los valores de la organización. Estos objetivos de aprendizaje orientan el posterior diseño de contenidos, así como la metodología y el tipo de evaluación a realizar.

En el siguiente cuadro taxonómico vemos los diversos niveles de complejidad de aprendizaje relacionados coherentemente con ejemplos de verbos y de contenidos, de metodologías de aprendizaje y de metodologías de evaluación:

Nivel de complejidad del aprendizaje	Verbo recomendado para redactar un objetivo de aprendizaje	Ejemplo de contenidos	Ejemplos metodológicos de aprendizajes	Ejemplo de herramientas de evaluación
Nivel 5 **Crear**	Construir	Un nuevo procedimiento para evaluar los cambios culturales relacionados al servicio a los clientes	Lluvia de ideas	Rúbrica con criterios para evaluar el nuevo procedimiento

Nivel 4 **Evaluar**	Evaluar	Las metodologías para medir la satisfacción final de un cliente	Debate	Redacción de un informe (a evaluar con una pauta de cotejo)
Nivel 3 **Analizar**	Comparar	Las diferentes metodologías de evaluación del servicio al cliente	Exposición sobre la base de un cuadro comparativo de ventajas y desventajas	Mapa conceptual (a evaluar con una pauta simple)
Nivel 2 **Aplicar**	Aplicar	Una técnica para enfrentar una situación difícil con un cliente	Role playing con un actor	Resolución de un caso (a evaluar con una pauta de evaluación)
Nivel 2 **Comprender**	Ordenar	Las etapas del proceso de servicio al cliente	Exposición participativa	Prueba de desarrollo
Nivel 1 **Recordar**	Nombrar	Los pasos de la atención de clientes	Exposición participativa	Prueba selección múltiple o de completación

El cuadro muestra que, por ejemplo, la acción de crear algo requiere mucho más trabajo y supone más complejidad que la acción de utilizar algo ya existente. En esa misma lógica, aplicar es más complejo que sólo recordar algo.

Si los aprendizajes son, como suele suceder, simples conocimientos —por ejemplo, *recordar* "los valores de la organización" o "los cinco pasos del protocolo de atención a un cliente"—, quizás nos sean más útiles metodologías del de tipo charlas explicativas y herramientas de evaluación también simples, como test de selección múltiple o pruebas del tipo completar frases. Si son de mediana complejidad e implican, por ejemplo, *aplicar* "los cinco pasos del protocolo de atención a un cliente", se entiende que su aplicación o puesta en práctica reviste una mayor complejidad que el mero recuerdo de la tarea.

Asimismo, aplicar un protocolo de atención al cliente puede ser más sencillo que crearlo. Por tanto, las metodologías y las evaluaciones en estos tres casos tienen que ser distintas. Lo importante es ser coherentes con la complejidad del objetivo de aprendizaje.

El diseño instruccional de cada curso puede hacerse con una herramienta que se conoce técnicamente como el **Syllabus**, llamada también *guion del instructor*.

Abajo presentamos un ejemplo de un diseño instruccional aplicando esta herramienta:

Nombre del Taller	Formación de instructores internos				
Objetivos específicos	Contenidos	Metodología	Evaluación	Tiempo	Recursos
Módulo 1 Identificar los principios del aprendizaje de adultos	Principios del aprendizaje de adultos	Exposición participativa	Prueba de alternativas	50 min.	Presentación Canva y carpeta
Café				10 min.	
Modulo 2 Aplicar el diseño instruccional	Etapas del diseño instruccional	Exposición participativa y trabajo en parejas en la construcción de una Syllabus	Rúbrica de autoevaluación y evaluación. Feedback	50 minutos	Presentación Canva y hoja de trabajo
Almuerzo				10 min.	

Modulo 3 Aplicar técnicas de presentaciones efectivas	Elementos claves de una presentación efectiva	Exposición participativa y trabajo en parejas en la construcción de una presentación	Rúbrica de autoevaluación y evaluación. Feedback	50 min.	Presentación Canva y maqueta de presentación empresa
Café				10 min.	
Modulo 4 Aplicar habilidades para el manejo de la audiencia	Principios del aprendizaje de adultos	Exposición participativa y presentación breve de un modulo	Rúbrica de autoevaluación y evaluación. Feedback	50 min.	Presentación Canva y apoyos

Para cumplir los objetivos de aprendizaje vinculados a los proyectos de cambio (efectividad), y para lograrlo con menos recursos (eficacia), es importante también medirlos y evaluarlos. Donald Kirkpatrick (2007) planteó cuatro niveles de evaluación, que son de complejidad creciente:

NIVEL I. De reacción o satisfacción. Da respuesta a la pregunta: ¿Les gustó la actividad a los alumnos participantes? Se busca determinar en qué medida los alumnos valoraron la acción de capacitación, la utilidad, la metodología, al facilitador y otros aspectos. Para esto podemos usar una encuesta automatizada con notas predefinidas de forma de tener estadísticas rápidas. La encuesta se suele aplicar en los últimos minutos de un curso o taller dado que es más fácil lograr un buen número de respuestas.

NIVEL II. De aprendizaje. Da respuesta a la pregunta: "¿Los alumnos cumplieron los objetivos de aprendizaje en la acción de capacitación?". Su propósito es determinar el grado en que los alumnos lograron los aprendizajes esperados. Si se trata de conocimiento, podemos usar pruebas de selección múltiple o preguntas de desarrollo con una pauta de evaluación; si se trata del aprendizaje de habilidades o de competencias prácticas, podemos utilizar un ejercicio de aplicación echando mano de pautas o rúbricas de evaluación predefinidas.

NIVEL III. De aplicación o transferencia. Da respuesta a la pregunta: ¿Están los participantes utilizando en su trabajo los conocimientos, habilidades o competencias desarrolladas en el curso o taller? Su finalidad es determinar si los alumnos han transferido a su trabajo los aprendizajes adquiridos en la actividad de capacitación. Aquí podemos usar evaluaciones comparativas, el antes y el después de la capacitación, ya sea para conocimientos o para habilidades y competencias. También se pueden utilizar informes del trabajo real o solicitar la evaluación de clientes incógnitos, observación secreta de jueces expertos, etc. Igualmente, podemos usar pautas o rúbricas de evaluación predefinidas.

NIVEL IV. Impacto en los resultados. Da respuesta a la pregunta: ¿Cuál es el impacto concreto de la capacitación en un resultado relevante de la organización? Su propósito es determinar el impacto de los aprendizajes sobre algún **Indicador de resultado o desempeño clave (KPI)**. Para esto podemos hacer análisis o una comparación en el resultado clave de un KPI de la organización o área, en un tiempo pre-capacitación vs mediciones post capacitación en el mismo KPI. Esto permite evaluar realmente la eficacia del programa de aprendizaje.

Si queremos contribuir a la eficacia del entrenamiento podemos utilizar, además de estos niveles de evaluación de aprendizaje, dos tipos de evaluación más:

a) Evaluar aspectos logísticos, en especial de las primeras experiencias, sean cursos convencionales o de e-learning, talleres, etc. Necesitamos evaluar cómo se hicieron las invitaciones o citaciones, la adecuación de las salas, el equipo, cafés, almuerzos, etc., aspectos que si bien no son centrales pueden afectar la credibilidad del proyecto. Esto nos permite una mejora continua.

b) Hacer una evaluación de gestión. Necesitamos evaluar el avance del plan de capacitación. Por ejemplo, podemos evaluar el número de personas entrenadas, el número de cursos realizados sobre los cursos programados, etc. Esto nos permite corregir la marcha a tiempo.

Un buen diseño instruccional y un plan de entrenamiento son elementos claves para lograr ser eficaces y eficientes y no exceder el cumplimiento de los plazos y del presupuesto. En forma posterior al diseño instruccional, de la experiencia de aprendizaje —o dicho en simple, un curso o un taller—, viene la planificación del proceso de aprendizaje. Esto tiene que ver con la secuencia de etapas. En este punto pueden existir múltiples talleres o cursos, actividades de práctica, evaluación, reforzamiento y otros para muchas personas, según sus funciones. Esto último se puede hacer en una matriz que asocie los cursos a los entrenadores y a los entrenando, fechas, lugares y recursos.

Existen aprendizajes de distintos niveles y tipos, desde aprendizajes **técnicos** hasta **interpersonales** y **socioemocionales**. Los aprendizajes técnicos están relacionados con la operación de la nueva tecnología, mientras que los interpersonales implican aprender un nuevo rol, nuevas funciones, nuevas actividades y tareas, nuevas formas de relacionarse, nuevas lealtades, etc. Los primeros son más fáciles de estructurar y los segundos más difíciles de identificar y entrenar, pero siempre factibles de aprender y gestionar.

Recordemos que el valor y la eficiencia de la gestión de cambio se relacionan y se miden con el grado o porcentaje de uso que le dan los usuarios, por ejemplo, trabajadores, clientes y proveedores claves. El uso depende de la disposición y el aprendizaje, ambos modificables, medibles y gestionables. En el caso de los trabajadores, como decimos, en general se requiere desarrollar un plan de capacitación diseñado tempranamente, estimando los recursos y los espacios para la práctica posterior, porque hay que recordar la expresión que dice "la práctica hace al maestro". Malcolm Gladwell (2009) sostiene que para ser experto en algo es necesario invertir 10.000 horas de práctica o estudio. Quizás no se requiera de expertos inicialmente, pero sí un dominio razonable al comienzo. Se suele apostar todo a la capacitación, pero esto, como vimos en los casos, es claramente insuficiente. La capacitación por sí sola tiene un efecto de corto plazo o definitivamente no sirve más allá de los bueno o malo que sean los facilitadores o de su metodología.

Una vez que se identifican quienes son los proveedores de estos conocimientos —que pueden ser internos a la organización, como el mismo equipo de proyecto o *K-users*, que son los usuarios clave en proyectos de instalación de ERP y APP, es decir, los profesionales instaladores de la tecnología—, podemos definir los objetivos de aprendizaje. Estos proveedores de conocimientos técnicos y de tecnología no saben necesariamente hacer diseños de aprendizaje andragógico ni poseen experiencia en cómo enseñar. A ellos hay que ayudarlos a planificar y definir los contenidos, las metodologías y las evaluaciones más pertinentes para los objetivos de aprendizaje preestablecidos, y especificar también los contendidos de práctica que se necesitarán. La mayoría de las veces el giro de la organización no es el aprendizaje de adultos, por lo que se requiere de expertos que apoyen la gestión de los aprendizajes y que ayuden a diseñar la capacitación y otras estrategias de desarrollo con experiencias de entrenamiento masivo. Enseñar es otra disciplina, otro oficio que requiere competencias específicas, por lo que hay que hacer un programa de capacitación previo en lo que se denomina "entrenamiento de entrenadores", conocido en inglés como ***Training of Trainers*** (ToT).

El esquema que mostramos a continuación muestra un ejemplo de proceso de aprendizaje relacionado con un proyecto con gestión de cambio en la instalación de un ERP:

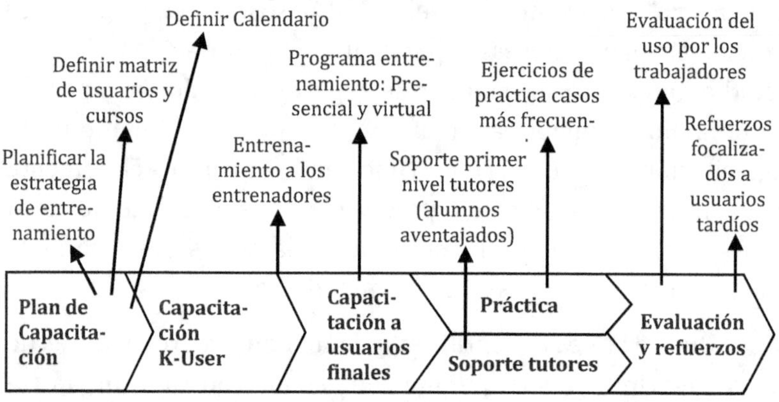

Fuente: Desarrollo del autor.

Aprendizaje de los equipos

El aprendizaje no se da sólo a nivel individual, también se produce sinérgicamente en los equipos, donde el resultado es más que la suma de las partes. Esto se puede desarrollar en lo que se conoce como *Team Building* (construcción de equipos), que son talleres para aprender y mejorar las dinámicas internas con el objetivo de optimizar el desempeño de los equipos.

El desempeño del equipo debería ser siempre superior a la suma de los funcionamientos individuales. En los equipos de alto desempeño se producen dinámicas sinérgicas, pero esto requiere aprender prácticas colaborativas. Estos aprendizajes se pueden evaluar midiendo o comparando el desempeño, por ejemplo, en KPIs de cumplimiento de metas o del clima organizacional midiendo la opinión. También es posible comparar los resultados de desempeño recurriendo a la opinión de la jefatura del equipo o a través de la opinión de los clientes de esa área o equipo en particular. También se podría realizar una evaluación cualitativa con el apoyo de una pauta en la que un observador entrenado observe las dinámicas de trabajo de los integrantes del equipo. Esto último es menos frecuente y más complejo.

En esta línea se encuentran los estudios realizados por Marcial Losada (2004), que él llamó el modelo Meta Learning. El autor plantea que existen tres equilibrios que los equipos deben cuidar si quieren lograr altos desempeños. Estos equilibrios son:

1) **Indagación versus persuasión**. De acuerdo con Losada, la relación óptima esperada debe ser 1/1. La indagación se relaciona con una interacción caracterizada por preguntas que tienen por objetivo explorar, escuchar y examinar la posición u opinión de otro miembro del equipo. En cambio, la persuasión se relaciona con exponer a favor de un argumento. La persuasión debe ser entendida en el sentido del término *"advocacy"* en el idioma inglés (convencimiento); es decir, tratar de convencer al otro porque se estima que un determinado punto de vista es el correcto.

2) **Positividad versus negatividad**. Se relaciona con las expresiones positivas, por ejemplo, cuando se muestra apoyo, reconocimiento, aliento y comprensión hacia otro miembro del equipo. En cambio, la negatividad se expresa cuando se demuestra desaprobación, critica, sarcasmo o cinismo hacia un tercero. Este autor dice que esta relación tiene que ser tres veces más alta para la positividad. Se trata de una de las variables más importantes, quizás porque tiene que ver con la validación.

3) **Orientación externa (otro) versus orientación interna (sí mismo)**. Se espera que esta relación sea 1/1, equilibrando la orientación o responsabilidad del mismo

equipo con la orientación o responsabilidad de otros fuera del equipo.

Adicionalmente, Losada analiza la conectividad, que se entiende como una red de conexiones e interacciones entre las personas sobre la base de la confianza y el vínculo con el otro, lo que ofrece a los integrantes de un equipo la seguridad a nivel interpersonal para asumir riesgos, de modo que cada uno de sus miembros pueda aportar, desde su propia perspectiva, experiencia y conocimientos sin temor a ser avergonzados, despreciados o castigados por los demás.

Losada evaluó todas estas polaridades y variables en la observación directa, por ejemplo, tras un espejo o en forma participante.

Finalmente, también podemos evaluar estos aspectos más cualitativamente a través de la opinión o percepción de los mismos integrantes de los equipos, por ejemplo, mediante una encuesta de autoevaluación del desempeño grupal o grupos focales.

El aprendizaje organizacional

Para muchas organizaciones, el conocimiento crítico se va cuando los trabajadores abandonan la organización producto de la rotación de personal. Debido a esto, se necesita invertir muchos recursos en una capacitación permanente, de modo de mantener el servicio y las competencias claves actualizadas con el fin de mantener la eficiencia. Podemos mantener la técnica y la tecnología, pero no cómo los trabajadores tienen que utilizarla. Por tanto, o reducimos la rotación y/o disponibilizamos las competencias críticas competitivas.

Si bien las organizaciones están conformadas por personas que aprenden por su propia experiencia u observando a otros, a nivel organizacional se dan otras dinámicas de aprendizaje que implican cambios relacionales entre los miembros de la organización con los clientes y con las comunidades, y con la manera de enfrentar controversias, como los nuevos desafíos que implican la diversidad y la multiculturalidad. Por tanto, la sumatoria de los aprendizajes individuales no necesariamente determina el aprendizaje de la organización como un todo. El **cómo aprende la organización** se relaciona estrechamente con la mantención de ventajas competitivas, y esto tiene que ver con la **gestión del conocimiento en las organizaciones**. El economista y académico japonés Ikujiro Nonaka (1994) propone una teoría para explicar el fenómeno de la creación de conocimiento organizacional, definiéndolo como la "creencia verdadera justificada". Ésta sería la capacidad de una empresa en su conjunto para crear nuevos conocimientos, así como para difundirlos a través de toda la organización. Estos nuevos conocimientos, designados en inglés con la expresión *"Know How"* (saber cómo hacer), quedan establecidos en los productos, servicios y sistemas.

Si bien el tema de la gestión del conocimiento es toda una disciplina y no es el propósito de este libro explicarlo en detalle, es importante identificar el conocimiento que genera valor competitivo, es decir, que es diferenciador de la competencia. El saber hacer se vincula a la gestión del proyecto de cambio en términos que permite consolidar dichos cambios.

Nonaka reconoce dos tipos de conocimiento: el tácito y el explícito. El conocimiento explícito es el conocimiento disponible, que suele estar escrito en manuales y puede ser transferido con relativa facilidad de una persona a otra; por ejemplo, vía un curso presencial u online o mediante la difusión de un manual. Por otro lado, el conocimiento tácito es más difícil de conservar porque a menudo surge de la experiencia y a veces no es compartido. Estos tipos de conocimiento se relacionan con diversas competencias críticas, entre ellas las buenas prácticas culturales, que, como sabemos, muchas veces son tácitas y no conscientes, pero compartidas. Para trasmitir estas buenas prácticas quizás son más efectivas metodologías de enseñanza tipo programas de tutorías o mentorías, porque tienen que ver con prácticas culturales implícitas que aluden a "cómo se hacen las cosas aquí", o más bien "cómo se hacen correctamente las cosas aquí". Es importante hacer explícitas estas buenas prácticas para que no se vayan cuando los expertos se van por jubilación o por otros motivos.

A continuación vemos una propuesta de un proceso de Gestión del Conocimiento:

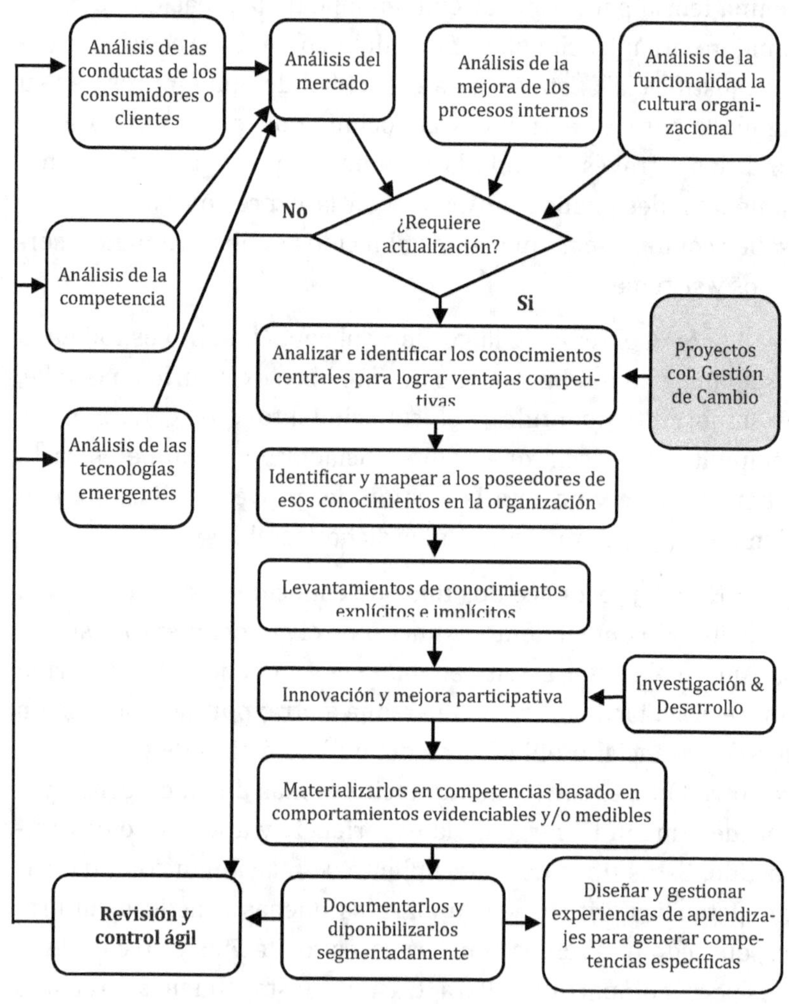

La evaluación de este nivel de aprendizaje se puede realizar a través la opinión cuantitativa y cualitativa de los clientes (externos o internos) y también a nivel de la reflexión del equipo directivo apoyado por consultores externos especializados en aprendizaje o cultura organizacionales, dado que ambos conceptos guardan estrecha relación.

Por otra parte, la gestión es un proceso dinámico. Lo que hace exitosa a una organización en un momento determinado puede no ser una ventaja en otro; y, lo que es peor, puede ser un lastre. Tan importante es aprender nuevas estrategias como olvidar las viejas. Por ejemplo, **Blockbuster** se apegó a sus prácticas de distribución de películas en formato físico. Estas prácticas, que hicieron exitosa a la marca en su momento, se transformaron luego en la principal causa de su quiebra en 2010. Hoy está pasando lo mismo con muchas tiendan de retail o de venta directa de productos al por menor, que han sido desplazadas por ventas virtuales con despacho a domicilio, como Mercado Libre, Temu o Aliexpress, entre otras. Por tanto, la renovación del conocimiento y de las competencias debe ser gestionada, utilizando las métricas adecuadas, por responsables del área de investigación y desarrollo y por los que han liderado los cambios.

Planteamos un modelo que pasa por identificar conocimientos críticos técnicos e interpersonales que, por ejemplo, son indispensables en toda organización de servicio o productiva. Aclaremos que muchos conocimientos son importantes, pero no críticos, y que quizás es más eficiente externalizarlos. Por otra parte, los conocimientos críticos o nucleares deben traducirse en competencias críticas, que pueden ser técnicas duras o socio-interpersonales. Por ejemplo, hacer una propuesta comercial es más bien una competencia técnica; presentarlo y generar confianza es una competencia socio-interpersonal.

A partir de esto recomendamos hacer un análisis estratégico que permita identificar aquellos conocimientos que son realmente nucleares, distintivos, que llamamos críticos, y materializarlos o tangibilizarlos en competencias centrales llamadas en inglés *Core Competences* (Competencias centrales), que suelen no ser muchas, pero es vital identificarlas para protegerlas, desarrollarlas y trasmitirlas ágilmente entre los trabajadores.

Después de esto hay que identificar a las personas claves de las áreas críticas del proyecto de cambio, que son aquellos que dominan más las competencias en cada área. Esto no significa que las otras áreas o personas no sean importantes, pero no son centrales, tienen un rol de apoyo. A continuación, estos conocimientos se deben materializar en competencias técnicas e interpersonales que sean medibles o evidenciables en conductas. Esto facilita unificar criterios que permitan, a su vez, implementar los subprocesos de apoyo de gestión de personas, talentos o recursos humanos, como el reclutamiento, selección, evaluación y gestión del desempeño, capacitación de refuerzo o actualización, entre otras.

Siguiendo una de las recomendaciones básicas de las normas ISO, a partir de la identificación de estos conocimientos y competencias centrales medibles y evidenciables, conviene documentarlas en forma ordenada, con trazabilidad de cambios, y ponerlas a disposición de los miembros claves de organización, porque son parte del capital intelectual de la organización y son la fuente de las ventajas competitivas.

Tenemos que considerar, con los poseedores del conocimiento crítico, qué metodologías de enseñanza son las más adecuadas a los objetivos de aprendizaje. Éstas son variadas y van desde los seminarios para objetivos cognitivos, hasta cursos y talleres prácticos, cápsulas de e-learning o manuales, ya sean unidireccionales o bidireccionales y participativos, tales como talleres para el desarrollo de habilidades u otras herramientas.

Siempre son importantes los espacios de acompañamiento, como los webinares. También existen simulaciones y otras estrategias educativas más personalizadas, como coaching o mentorías, o simuladores de realidad virtual y de realidad aumentada para el desarrollo de destrezas, entre otros.

Quizás uno de los aspectos que más cuesta en relación con cambio de prácticas culturales es el uso de nuevas tecnologías o la introducción de nuevos procedimientos. Es obvio pensar que la adopción de novedades depende del aprendizaje específico relacionado con los nuevos elementos, pero también con el desaprendizaje de las antiguas formas de hacer las cosas, ya sea porque con el tiempo estas han probado que funcionan o simplemente porque nos son más cómodas. Además, el aprendizaje requiere siempre de un esfuerzo extra que en la mayoría de los casos se suma a las ya altas exigencias que implica mantener el negocio funcionando. En el fondo, ningún Directorio o Gerencia General va a disminuir las exigencias mientras el proyecto de cambio se desarrolla o está en su fase de implementación. Es una mirada reduccionista pensar que las personas tienen que aprender sólo cierta cantidad de nuevos pasos para ingresar, por ejemplo, una factura; también implica, entre otros aspectos de contexto, aprender el porqué realizar un cambio determinado, el sentido que tiene hacerlo y a quién o quiénes les servirá lo que hacemos. La capacitación es útil, pero nunca resulta suficiente para consolidar los aprendizajes adaptativos. Como decíamos, *la práctica hace al maestro*.

Además, hay que distinguir diferentes tipos y niveles de aprendizajes. Por una parte, está el aprendizaje que se hace con el objetivo de adquirir nuevas competencias que permitan optimizar el desempeño, lo que se conoce como **upskilling**, que implica una actualización importante de tareas, lo que mucha vez es muy desafiante y estresante pues se trata de una restructuración parcial de las funciones. Por otra parte, el upskilling implica el aprendizaje de nuevas tareas, pero también de nuevas formas de relación con los clientes o usuarios y, por cierto, el surgimiento de nuevas creencias y lealtades.

Aún más desafiante y estresante es un nuevo tipo de aprendizaje que se conoce por **reskilling**, que sucede cuando se eliminan cargos completos. Esto es más que disminuir la dotación, por ejemplo de cajeros y secretarias, debido a la automatización, robotización o por el uso de la inteligencia artificial. Si la decisión es que los trabajadores sigan en la organización, tienen que aprender un nuevo cargo y/o un oficio completo. Es un proceso mucho más radical que el anterior pues persigue formar a los empleados en el uso de nuevas tecnologías y desarrollar capacidades que les permitan reciclarse y adaptarse a los desafíos. Se trata, en el fondo, de aprender a reconvertirse. Esto es cada vez más necesario pues las empresas, en busca de una mayor eficiencia, están eliminando muchos cargos rutinarios y poco relevantes. En no pocos proyectos con gestión de cambio hemos visto cómo desaparecen áreas o departamento completos. Los individuos insertos en esas organizaciones o se adaptan —es decir, participan de procesos de reskilling— o son desvinculados, lo que indudablemente afecta el clima organizacional entre los que se quedan, aspectos que hay que ser capaces de prever y hacer planes de mitigación.

En los proyectos con gestión de cambio, se requiere evaluar los aprendizajes del equipo de proyecto y de la plana ejecutiva con relación a cómo se debe avanzar en el proyecto identificando qué es necesario mejorar, qué prácticas culturales hay que seguir cambiando y cuáles hay que seguir reforzando. Recordemos que el cambio adaptativo es un camino de incertidumbre y de aprendizaje.

Finalmente, es importante no dar por sentado que estos conocimientos son estables en el tiempo o que son intransables, pues deben ser revisados constantemente en forma participativa con los miembros relevantes que trabajan en el proceso central. Siguiendo las metodologías japonesas derivadas del Kaizen, la innovación es responsabilidad no sólo de la alta gerencia, sino de todos los trabajadores. Demasiadas veces se pierde el compromiso con la innovación menospreciando los aportes de los que están en la operación y en la primera línea frente al cliente o usuario.

Los encargados en la organización de gestionar la trasmisión de estos conocimientos y competencias clave saben que esto no es un proceso mecánico porque los aprendizajes significativos requieren diseñar distintas experiencias educativas, no solo de capacitación. El conocimiento y las competencias, como decía Piaget, requieren de un proceso de asimilación y de acomodación a la estructura de patrones neuronales de las personas, siempre en un contexto de redes de conversaciones. Este proceso exige diseñar múltiples estrategias, como la capacitación (virtual, presencial o mixta), el coaching, las tutorías, las pasantías u otras, o sus convenciones según el tipo de competencias. Que no se nos olvide nunca que la participación es la mejor estrategia de innovación y compromiso.

¿Cómo evaluar la creación de valor final de un proyecto con gestión de cambio?

Si bien no siempre se puede evaluar el valor final de un proyecto con gestión de cambio, lograr el propósito final de un proyecto de cambio es más fácil si se tiene un propósito y objetivos o metas bien definidas y medibles.

Lo anterior no sólo porque tienen un gran valor orientador y motivacional, sino porque sin objetivos o metas claras nunca sabremos si cumplimos la meta final y la evaluación caerá en las subjetividades de los distintos actores organizacionales, en especial de los gerentes y directores. Con objetivos medibles podremos al menos acordar si logramos o no lo que nos propusimos en un principio; al menos no estarán en discusión los criterios para la evaluación de la efectividad.

Dijimos que el diagnóstico inicial es clave para partir con realismo, esto nos ayudará a determinar con más precisión cuáles son las brechas, qué tendremos que dejar de hacer y qué tendremos que mantener o reforzar para lograr nuestro propósito. Posteriormente, tendremos que cuidar y mantener la efectividad en el proceso mismo del proyecto de cambio, sino todo lo planificado al comienzo se quedará tan sólo en buenas intenciones.

Obviamente, al final de un proyecto con gestión de cambio es conveniente medir su aporte de valor, su efectividad y su eficiencia en los términos que no propusimos al inicio. E igualmente, por cierto, medir qué aprendimos en el camino (gestión del conocimiento). Tenemos que evaluar balanceadamente, en especial en proyectos de cambio adaptativos o que requieren gestión de cambio. Recordemos que, según Chaos Report (2015) y otros estudios, la mayor parte de los proyectos de cambio tienen resultados ambiguos a la hora de mostrar su aporte, o derechamente no son efectivos y menos eficientes. Lo anterior puede deberse a distintas causas, entre ellas que nunca quedaron claramente definidos los objetivos para los distintos actores clave, como gerentes o dueños, lo que repercutirá en que, al finalizar el proyecto con gestión de cambio, no exista acuerdo en su aporte. Ciertamente, también es posible que los objetivos cambien sobre la marcha, producto de los aprendizajes, situación que es absolutamente legítima en un proyecto de cambio adaptativo ya que el propósito estará siempre sujeto a redefiniciones, lo que hace que sea aún más importante involucrar en el proceso a los que van a evaluar.

Al final se debe responder a preguntas como: ¿El proyecto creó valor para los clientes externos y/o internos? ¿La organización tiene más valor para los accionistas o para el mercado después de la gestión del cambio, o al menos mejoró la reputación de la organización?

Calcular el valor económico de un proyecto con gestión de cambio

Calcular el valor económico de un proyecto de gestión de cambio adaptativo es un asunto más complejo que hacerlo en un proyecto puramente técnico. Si consideramos que los objetivos de un proyecto de cambio adaptativo implican la adopción o el uso del cambio, y que además el camino puede ser redefinido producto de los aprendizajes, su evaluación final resulta mucho más compleja en comparación con los proyectos cien por ciento técnicos.

Una forma más sencilla de evaluar financieramente un proyecto de cambio (técnico o adaptativo) puede ser medirlo a través del cumplimiento del presupuesto, lo que nos indica si la estimación del monto de la inversión fue correcta, pero ello no nos informa del valor creado. Aunque la mayoría de los proyectos de cambio no necesariamente tienen un impacto financiero claro, a veces su valor es solo mejorar un KPI importante, como bajar los costos, bajar las perdidas o mejorar los tiempos de despacho. Éste último aspecto impactará en la evaluación de servicio, lo que a su vez impactará en las ventas y así sucesivamente, hasta la utilidad, que finalmente tiene un efecto sobre el valor de la organización.

Antes de seguir avanzando debemos hacer una distinción entre **beneficio contable** o financiero y **beneficio económico**. El beneficio contable es el que se muestra en el balance y el estado de resultados, y tiene que ver con aspectos como el aumento de las utilidades de los accionistas o la disminución de los pasivos, los costos financieros y las cuentas por cobrar, o con la mejora de la liquidez, que podemos evaluar especialmente en el flujo efectivo.

Por su parte, el beneficio económico tiene que ver el aumento del **valor patrimonial**, que se puede medir fácilmente en las sociedades anónimas abiertas a través del valor de las acciones. En las sociedades cerradas es algo más difícil, pero se puede estimar por medio del precio de compra de una sociedad o en los flujos proyectados, más las diferencias que las partes estimen que podrían hacer sinergia con otras áreas del negocio u otras valoraciones. Esto último, por cierto, puede ser mayor, igual o menor que el valor contable, por tanto, el valor contable no es necesariamente equivalente con el valor económico.

Lo importante es definir qué impacto esperamos lograr en un KPI relevante. También se puede evaluar el aporte final a la organización.

El **EBITDA** es un buen indicador de resultado final, pues es útil para medir la creación de valor operacional, libre de otros efectos; es decir, es un indicador "limpio" de otros manejos no operacionales del negocio mismo porque despeja efectos —como la buena o mala gestión financiera, la buena o mala gestión tributaria y el criterio para manejar la depreciación, entre otros—, que si bien son relevantes para la supervivencia de una empresa no hablan de la salud de la operación central del negocio; y lo que es más relevante, son efectos que no tienen mucho que ver con el cambio adaptativo ni dependen de si los trabajadores, usuarios o clientes utilicen tal o cual tecnología o procedimiento que tengan que usar para mejorar el valor.

Por ejemplo, la operación central puede mejorar mucho por el efecto de un proyecto de cambio e igualmente la empresa puede quebrar por un problema del mal manejo del endeudamiento o por falta de gestión de liquidez. Son cosas claramente distintas. Por decirlo de otra manera, la empresa puede estar "sana operacionalmente" y "enferma" financiera o tributaria o societariamente.

Esto último también se puede mejorar, aunque no es materia de este libro, en parte porque no implican a un grupo importante de usuarios o trabajadores, es más una tarea de expertos financieros, tributarios o abogados.

Según María Granel (2020), el EBITDA es un indicador financiero que hace referencia a las ganancias operacionales de una compañía o de una unidad de negocio, independientemente de los intereses, impuestos, depreciaciones y amortizaciones.

El nombre de este indicador proviene de las siglas en inglés "beneficios antes de intereses, impuestos, depreciación y amortización" (*Earnings Before Interest, Taxes, Depreciation and Amortization*).

El impacto en el EBITDA es considerado un buen indicativo para informar si una unidad de negocio o empresa puede generar un aporte al valor económico a una sociedad, independientemente, como ya dijimos, de otros efectos o manejos a los que no puede impactar la gestión del cambio porque dependen de otros manejos relevantes, a los que la gestión del cambio no afecta.

En el siguiente cuadro se muestra un ejemplo de EBITDA:

INGRESOS POR VENTAS	**$300.000.0000**
Gastos de administración, de operación y "otros"	-$100.000.000
Costos de ventas	-$50.000.000
(EBITA)	$150.000.000
Intereses, impuestos, amortización, depreciación	-$160.000.000
UTILIDAD NETA FINAL	**-$10.000.000**

En el anterior ejemplo podemos ver que no hay utilidad final, sino una pérdida de $ 10.000.000 pero esta pérdida se explica por factores ajenos a la operación, ya que esta última es positiva en $ 150.000.000. Si bien este indicador es considerado uno de los mejores para valorar el beneficio operacional de una sociedad o de una unidad de negocio, presenta un par de problemas en el caso de los proyectos con gestión de cambio.

Igualmente, el impacto del proyecto de cambio en el resultado operacional o en los KPI más específicos podría depender parcialmente de otras acciones o variables, como campañas comerciales, cambios externos relevantes, baja de ventas por crisis económicas o alzas desmedidas del IPC, contracciones o alzas de materias primas o combustibles y/o energía, entre otros, que afectan directamente la operación.

El efecto de estas otras variables se puede despejar de dos formas a lo menos:

1) Usando una técnica estadística que se conoce como análisis de covarianza, **ANCOVA** por su acrónimo del inglés *Analysis of Covariance*. Consiste en un modelo lineal general con una variable dependiente cuantitativa (por ejemplo, el EBITDA) y una o más variables independientes cuantitativas. Es una fusión del análisis de varianza ANOVA y el de la regresión lineal múltiple. Este procedimiento estadístico permite eliminar la heterogeneidad causada en la variable de interés o variable dependiente de otras variables. El ANOVA tiene algunos requisitos y hay una serie de software estadísticos que facilitan su análisis, como el **SPSS** (spss.com/es), el **Statsoft** (statsoft.com), el **Statgraphics** (statgraphics.net) y otros. Para aprender a usarlos existen manuales y tutoriales disponibles en la web.

   Si le interesa saber más de la ANCOVA, puede revisar el siguiente video: https://www.youtube.com/watch?v=rMKxKaXc0gI

2) Otra opción para eliminar el efecto de otras variables independientes en la variable dependiente —como, por

ejemplo, las KPIs de servicio, velocidad de respuesta y disminución de costos — es utilizar un modelo experimental con un grupo de control. Claro que aquí necesitamos como condición tener, por ejemplo, distintas unidades de negocio o empresas comparables con similares en características (lo que es muy raro, pero posible como veremos en el caso). Es más fácil o común si tenemos distintas sucursales o plantas, o distintas líneas de producción, etc. Pero se necesita que sean similares en resultados o condiciones entre ellas, de forma que podamos usarlas como medida de comparación. Contando con esta condición, podemos comenzar realizando los cambios que queremos probar en una de las empresas o unidades de negocio, o en una tienda o en una línea de producción (la que sería el grupo experimental), y dejar las otras empresas o unidades como grupos de control no afectos al tipo de cambio que queremos evaluar.

Antes de efectuar el cambio necesitamos, desde luego, hacer una medición para asegurarnos que las unidades son realmente similares. De este modo podremos, además, definir nuestra línea base para comparar con una medición previa. Una vez realizado el cambio debemos medir nuevamente y comparar el antes y el después para constatar si hay diferencias significativas entre la unidad experimental y la de control. Por ejemplo, algo similar se hizo con las pruebas de vacunas para el COVID 19. Como se quería probar el efecto diferencial de la vacuna, ésta se les inoculó a algunos voluntarios mientras que a otros se les administró un placebo, una solución estéril. El primero es el grupo experimental, el segundo, el grupo control.

Se hizo todo esto sin que ninguno de los voluntarios supiera si fueron inoculados con la vacuna real o con el placebo. Posteriormente se evaluó si el grupo al que se le inoculó la vacuna (grupo experimental) mostró menores tasa de contagio que el grupo de control, así se puedo evaluar si la vacuna tuvo un efecto real sobre la gravedad de la sintomatología de la enfermedad, porque, dicho sea de paso, las vacunas no evitan el contagio, pero sí bajan la gravedad de los síntomas.

De este modo se puede despejar el efecto de otras variables sobre la gravedad de los síntomas. En cambio, si en ambos casos hay una baja en la gravedad de los síntomas, es un indicador de que la vacuna no es lo que explica la baja y existen de otros factores a considerar que no se relacionan necesariamente con la vacuna, como el aislamiento de la población o un uso mayor de mascarillas u otras medidas dispuestas para la población estudiada.

Este tipo de estudios con grupos experimentales o de control pueden ser considerados, además, como pruebas piloto; pruebas que, por cierto, constituyen siempre una buena práctica porque generan aprendizajes para futuras implementaciones más masivas de cambios adaptativos en entornos inciertos.

A veces, hacer los cambios con gradualidad, usando pilotos, por ejemplo, por filiales o por plantas, permite aprender en el camino, lo que no es tan necesario en proyectos sólo técnicos, donde no se requiere tanto que las personas cambien y, por tanto, no es un factor crítico para lograr resultados eficientes.

Los siguientes ejemplos ilustran la contribución de los beneficios de la gestión del cambio del lado de las personas, lo cual depende de la adopción y el uso de, por ejemplo, una nueva tecnología o un nuevo procedimiento.

La consultora en cambio organizacional PROSCI muestra tres ejemplos que ilustran la contribución de los beneficios de la gestión del cambio para las personas plasmados en la adopción y el uso de, por ejemplo, una nueva tecnología o un nuevo procedimiento. En los tres ejemplos el uso determina la efectividad de un proyecto de gestión del cambio.

- El aprendizaje y posterior uso del método Six Sigma se aplica para reducir la variación de un proceso Particular o reducir las pérdidas. El beneficio de la organización depende de que los empleados que ejecutan el proceso utilicen las nuevas técnicas asociadas a la metodología Six Sigma.

- La instalación de un ERP (Sistema de Planificación de Recursos Empresariales) para mejorar la integridad y el acceso a los datos en una organización. El beneficio del sistema depende de que los empleados aprendan y usen el ERP para que ingresen los datos correctamente y sepan utilizarlos para extraer los informes que se necesitan.

- En un hospital está implementando un nuevo sistema de registros médicos electrónicos para mejorar la gestión de registros y el bienestar del paciente. Estos indicadores sólo mejorarán si los médicos, enfermeras y administradores utilizan el sistema de forma competente.

Para explicar esto con números utilizaremos un ejemplo de la propia consultora PROSCI. Supongamos dos proyectos similares en el beneficio esperado total:

	Proyecto A: Actualización de hardware	Proyecto B: Instalación de un software
Beneficios esperados del proyecto:	1.300.000	1.300.000

Entonces, tanto el Proyecto A como el Proyecto B tienen los mismos beneficios esperados totales del proyecto ($ 1.3 millones). Sin embargo, sabemos intuitivamente que los beneficios asociados con una actualización de hardware y la instalación de un software son diferentes porque que los proyectos de instalación de un software comprometen a muchos usuarios, las de actualización de hardware implican a muy pocos.

Añadiremos una nueva línea a nuestra tabla que aborde el impacto de cada proyecto en las personas:

	Proyecto A: Actualización de hardware	Proyecto B: Instalación de un software
Beneficios esperados del proyecto:	1.300.000	1.300.000
Impacto en las personas	Bastante pequeño, solo unos pocos empleados se ven afectado en términos de su trabajo diario.	Bastante grande, muchos empleados tendrán que hacer su trabajo de una manera nueva. Además, hay nuevas actividades y tareas, y el uso del nuevo software es lo que finalmente impacta en el valor de la instalación.

Para que los beneficios estén del lado de las personas, debemos hacer una pregunta simple: ¿Cuáles serían los beneficios esperados si la adopción y el uso por parte de los empleados o usuarios fuera 0? En otras palabras, si ningún empleado cambia la forma en que hace su trabajo cuando este proyecto entre en funcionamiento, ¿cuánto valor se obtendría? Con estos datos, podemos comenzar a demostrar el valor que puede ofrecer la gestión del cambio.

Ampliando el ejemplo, podríamos llegar a estos valores cuando la adopción y el uso equivalen a 0:

	Proyecto A: Actualización de hardware	Proyecto B: Instalación de un software
Beneficios esperados del proyecto:	1.300.000	1.300.000
Beneficios esperados si las personas no lo usan o beneficio independiente del uso.	1.150.000	350.000

Al restar los beneficios esperados cuando no hay uso, llegamos a la cantidad de beneficios del proyecto a la gestión del cambio, lo que llamamos también la contribución de los beneficios esperados por el uso de las personas.

	Proyecto A: Actualización de hardware	Proyecto B: Instalación de un Software
Beneficios esperados del proyecto:	1.300.000	1.300.000
Beneficios esperados independiente del uso de las personas	1.150.000	350.000
Beneficios esperados por el uso de las personas	150.000	950.000
Coeficiente de valor por el uso de las personas	12 %	73 %

El siguiente gráfico muestra los beneficios esperados, desglosados por aquellos que dependen de la adopción o el uso (o la contribución de los beneficios del lado de las personas) y los que son independientes de esto:

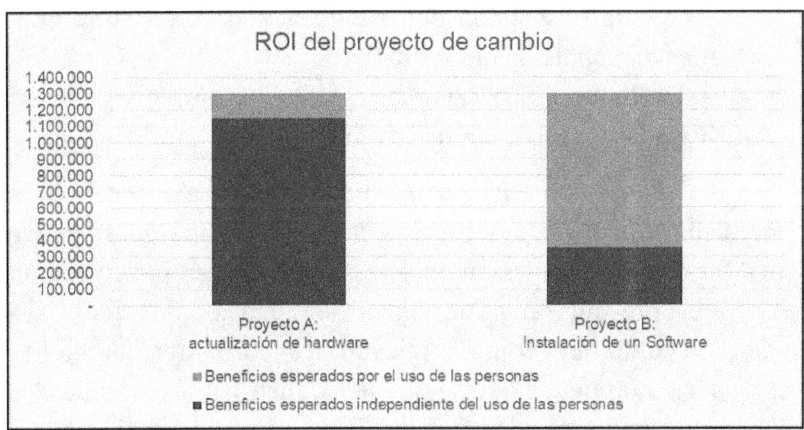

Teniendo en cuenta los ejemplos anteriores, la gestión del cambio tendrá un impacto menor (un ROI más bajo) en el Proyecto A (actualización del hardware) que en el Proyecto B (instalación de un software), ya que la mayoría de los resultados del proyecto B dependen de la adopción y/o del uso de muchos empleados del software debido a la naturaleza del cambio implementado.

Según PROSCI, cuanto más dependientes sean los beneficios de un proyecto de la adopción o del uso, mayor será la contribución de la gestión del cambio.

$$\text{Coeficiente de beneficio por uso de las personas} = \frac{\text{Contribución por uso de las personas}}{\text{Beneficio esperado del proyecto}}$$

Los siguientes factores pueden afectar la adopción o uso en un proyecto de cambio:

- Pocos empleados afectados versus muchos empleados afectados.
- Pocos aspectos del trabajo afectados versus muchos aspectos del trabajo afectados.
- Ubicación única versus variadas ubicaciones.
- Pequeña desviación del estado actual versus una gran desviación del estado actual.
- Cambio incremental versus cambio disruptivo.
- Cambio familiar versus cambio muy diferente.

Calcular el beneficio económico para la organización es, a veces, más difícil, pero siempre se puede. Sin embargo, se puede facilitar esta tarea si vinculamos la gestión del cambio con algún KPI relevante que tenga un vínculo monetario conocido o sea valorado como importante o relevante. Recordemos que un KPI es una sigla en inglés que se puede traducir como un indicador clave de resultado o desempeño y que estos indicadores son siempre aspectos que se pueden medir, en especial cuantitativamente, y que suelen están asociados a áreas o a procesos, aunque también hay relacionados con el desempeño de toda la organización.

A continuación damos algunos ejemplos de estos indicadores no monetarios, pero que son cuantificables y relevantes:

- **Velocidad de adopción**: ¿Con qué rapidez las personas dominan los nuevos sistemas y actividades en el trabajo? ¿En cuánto tiempo disminuye la elaboración de los informes para los clientes usando el nuevo software? Esta medición no es en dinero.

- **Utilización final:** ¿Cuántos empleados del total de impactados utilizan la tecnología dejando de lado los antiguos sistemas, por ejemplo, usando las planillas Excel para hacer los informes?

- **Nivel de competencia:** ¿Qué tan bien se desempeñan los individuos en comparación al nivel esperado? Por ejemplo, en el cumplimiento de metas, comparando el antes y el después de la gestión del cambio.

Según Jorge Ulsen, también podemos medir el **trabajo indirecto** de la gestión del cambio. Estas métricas son las más utilizadas y tienen la virtud de entregar un control de lo que se planifica. El único riesgo es que, si nos centramos sólo en estas, se transforma en una revisión del tipo *checklist*, que no considera los impactos ni la efectividad de las acciones. Por lo tanto, esto debería ser el "desde".

Vemos algunos ejemplos de este tipo:

- Cumplimiento de las fechas de acciones, hitos y entregables planificadas en la estrategia de gestión del cambio.
- Ejecución del plan de cambio dentro del presupuesto considerado.
- Cantidad de acciones realizadas versus planificadas.
- Cantidad de personas asistentes versus invitadas a hitos claves del proyecto (por ejemplo, capacitaciones).
- Porcentaje de asistencia y propuesta de ideas de miembros de grupos de apoyo específicos para la gestión del

cambio (por ejemplo, la red de facilitadores).

Lo anterior, se puede complementar con evaluaciones cualitativas relacionadas, como, por ejemplo:

- Porcentaje de conocimiento del total de empleados o usuarios impactados.
- Nivel de entendimiento medido con pruebas.
- Grado de alineamiento o compromiso con los cambios.
- Calidad de relatores cuando se realizan capacitaciones, medida a través de la satisfacción de los alumnos.
- Utilidad de conocimientos adquiridos para el trabajo diario, medida por los resultados.

Otra forma de medir indirectamente el valor, según Ulsen, es estimar **el impacto organizacional** del proceso de transformación. En general estos indicadores cualitativos de gestión de personas (RRHH) se utilizan menos ya que son multicausales, por lo que se podría presentar un debate respecto a cuál es su grado de incidencia directa en un proceso de transformación particular. Y si bien son más indirectos y pueden ser producidos por muchos factores, también pueden encender alertas tempranas.

También existen indicadores que habitualmente se usan relacionados con los trabajadores y usuarios de las tecnologías, que si bien son algo menos directos, igualmente muestran alertas. Entre estos:

- Número de ausentismos.
- Fuga de talentos.
- Porcentajes de rotación.
- Calidad del clima laboral y el compromiso
- Bajas o aumentos en productividad.

¿Cómo calcular el retorno sobre la inversión (ROI) de un proyecto con gestión de cambio?

Si queremos valorar el aporte económico de la inversión, una medida clásica y sencilla para evaluar proyectos es el **ROI** o retorno sobre la inversión (por *Return on Investment*). Para calcular el ROI se requieren dos datos: 1) el cálculo de la inversión total proyectada, que puede reflejarse en gran medida por el cumplimiento del presupuesto, incluidos los costos directos e indirectos más relevantes; y 2) el cálculo del beneficio del cambio, el retorno, lo que resulta algo más complejo en los proyectos con gestión de cambio, en parte porque las ganancias pueden ser cuantitativas y también cualitativas.

Tal como vimos anteriormente, en proyectos principalmente técnicos la inversión directa puede ser relativamente fácil de estimar si contamos con una cotización confiable del proveedor de la tecnología y de los instaladores de esta. A partir de ahí podemos estimar fácilmente la inversión y hacer un presupuesto realista del proyecto de instalación al que se le asignaron los montos de inversión más relevantes, como los recursos directos destinados a un proyecto de cambio (infraestructura, horas hombre y horas mujer).

Pero en los proyectos adaptativos con gestión de cambio no es tan simple el cálculo. La consultora PROSCI plantea que el ROI de la gestión de cambio de un proyecto no es sólo el beneficio esperado como se muestra en la siguiente fórmula:

$$\text{ROI de un proyecto} = \frac{\text{Beneficios esperados}}{\text{Costo del proyecto}}$$

Según los mismos consultores, la fórmula anterior no muestra el efecto directo de la gestión del cambio, que es el valor adicional creado por un proyecto debido a la adopción o el uso por parte de los empleados o clientes de la nueva tecnología o de los nuevos procedimientos, o la utilización de nuevas plantas o nuevos procesos, nuevos equipos, nuevas tareas, etc.

Aclaran que existen beneficios que pueden ser atribuibles a un cierto proyecto y otros no.

Así, por ejemplo, cuando cambiamos un software por otro que tiene menores costos de mantenimiento o de licencia, el beneficio obtenido no es atribuible a la gestión del cambio, sino al ahorro en costos. Pero si el proyecto con gestión de cambio requiere para ser eficiente que los trabajadores utilicen el software o adopten los nuevos procedimientos u otros cambios, en este caso sí es un beneficio atribuible a la gestión del cambio.

¿Cómo evaluar el valor de un proyecto de cambio en términos de satisfacción final de los clientes o usuarios?

La satisfacción de los usuarios o clientes internos y/o externos se puede medir fácilmente. Si bien no es una medida de última línea en el balance, nadie discute su valor.

Existen diversas herramientas para medir esto, cada una de las cuales tiene ventajas y desventajas, por lo que su uso es complementario. Podemos utilizar una metodología cuantitativa o cualitativa, o una mixta que combina sinérgicamente las dos.

A continuación se revisan las diferencias entre ambas aproximaciones de medición.

Según Hernández, Fernández y Baptista (2010), las **herramientas cuantitativas** para medir la efectividad o las dimensiones que la determinan "usan la recolección de datos para probar hipótesis, con base en la medición numérica y el análisis estadístico, para establecer patrones de comportamiento y probar teorías". El ejercicio permite establecer causalidad, comparar el antes y el después del cambio, o comparar; por ejemplo, dos grupos de clientes, uno al que se le aplicó el cambio y otro al que no se le aplicó.

Estas herramientas tienen una lógica deductiva. Según los autores citados, "la investigación cuantitativa nos ofrece la posibilidad de generalizar los resultados ampliamente, nos otorga control sobre los fenómenos, así como un punto de vista de conteo y las magnitudes de éstos". El cuestionario, según estos investigadores, es el instrumento cuantitativo más utilizado para recolectar los datos. Consiste en un conjunto de preguntas respecto de una o más variables a medir. Pueden ser preguntas cerradas o abiertas.

A su vez, las preguntas cerradas pueden ser de carácter dicotómico, por ejemplo:

¿Le gusto el curso?   Si ______   No ______

También se pueden presentar preguntas con varias opciones:

¿Cómo evaluaría la reunión?

1) Muy buena   2) Buena   3) Mala   4) Muy mala

Otra variante de las respuestas con varias opciones son las respuestas de tipo Likert, en las que se fuerza a la persona a que manifieste su grado de acuerdo con una afirmación.

Por ejemplo:

El facilitador del taller genero un ambiente participativo

a) Totalmente de acuerdo
b) Relativamente de acuerdo
c) Relativamente en desacuerdo
d) Totalmente en desacuerdo

Como se puede observar, en las preguntas cerradas las categorías de respuesta que se le muestran al encuestado son definidas a priori por el investigador y la persona encuestada debe elegir sólo la opción predefinida que describa mejor su opinión.

La ventaja de las preguntas cerradas o con opciones predefinidas es que son fáciles de tabular y procesar. La desventaja es que, como las respuestas están definidas a priori, podemos perder información relevante no considerada en las categorías predefinidas de respuesta.

La otra aproximación de medición es la **cualitativa**. Según los autores este tipo de medición proporciona una explicación más en profundidad y tiene más riqueza interpretativa, contextualización del ambiente o entorno, detalles y experiencias únicas. En suma, nos ayuda a entender porqué el cliente da esa opinión y cuáles son sus criterios para decidir. A diferencia de la cuantitativa, este tipo de medidas son útiles para tener una mejor comprensión de la información, pero son más débiles a la hora de comparar.

En esta categoría de investigación existen muchas clases de herramientas, entre las principales se encuentran:

1) **Cuestionarios con preguntas abiertas**. Este tipo de cuestionarios no delimita de antemano las alternativas de respuesta, por lo cual el número de categorías de respuesta es muy elevado y puede variar de población en población. Un ejemplo de este tipo de pregunta es: ¿Qué le gustó más del nuevo servicio?

   Según Hernández, Fernández y Baptista (2010, p. 276), las preguntas abiertas se codifican una vez que conocemos todas las respuestas de los participantes, o al menos las principales tendencias de respuestas en una muestra. El procedimiento consiste en encontrar y dar nombre a los patrones generales (ideas similares o comunes), listar estos patrones y luego asignar un valor numérico o un símbolo a cada uno. Así, éste constituirá una categoría de respuesta.

   Este tipo de preguntas son muy útiles para explorar y conocer las opiniones de los clientes externos o internos, pero son más laboriosas en términos de tabulación. No obstante, existen distintos softwares de procesamiento de datos cualitativos que colaboran en este análisis, uno de los más conocidos es **ATLAS.TI**.

Para más información puede ingresar al siguiente enlace:

https://atlasti.com/wp-
con-
tent/uploads/2014/07/atlas.ti6_brochure_2009_es.pdf)

También existen otros como **MAXQDA**:

https://es.maxqda.com/software-analisis-datos-
cualitativos#

Incluso existen algunos que permiten realizar análisis mixtos:

https://provalisresearch.com/es/products/software-de-
analisis-cualitativo/

2) **La entrevista**. Según Kavale S. (2011) se trata de una conversación que tiene una estructura y un propósito determinado. Es una interacción profesional que va más allá del intercambio espontáneo de ideas, como en la conversación cotidiana, y se convierte en un acercamiento basado en el interrogatorio cuidadoso y la escucha con el propósito de obtener conocimiento o información meticulosamente comprobada.

   Existen diferentes tipos de diseño de entrevistas. Están las **estructuradas**, con una pauta rígida de preguntas, y las **no estructuradas**, que no tienen una pauta de preguntas sino más bien propósitos generales. También se encuentran las **semi estructuradas**, que cuentan con una pauta de preguntas, pero el entrevistador tiene cierta libertad para salir de ella para recoger información nueva que no estaba considerada previamente. Estas suelen ser las más

recomendables ya que permiten la comparación y a la vez
son flexibles y están abiertas a recoger datos nuevos.

Kavale S. (2011, p.57) distingue siete etapas de la investigación con entrevistas:

a. **Organización temática:** Formulación del propósito de una investigación y la concepción del tema que se va a investigar antes de empezar las entrevistas. Se debe aclarar bien el porqué o propósito. Luego de esto se define el método y el diseño de las preguntas de la pauta.

b. **Diseño:** Planeamiento del diseño del estudio y de la pauta de preguntas de acuerdo con el propósito.

c. **Entrevista:** Realización de diálogo basándose en una pauta de preguntas y con un enfoque reflexivo que busca información relevante.

d. **Transcripción:** Preparación del material de entrevista para el análisis, la que incluye, por lo general, una transcripción de una grabación a texto escrito.

e. **Análisis:** A partir del propósito y el tema de la investigación se categoriza la información y se tabula; aquí se pueden usar los softwares antes mencionados.

f. **Verificación:** Establecimiento de la validez, fiabilidad y capacidad de generalización de los hallazgos de entrevista. La fiabilidad se refiere a la coherencia de los resultados y su validez, lo que significa que un estudio con entrevistas ha investigado lo que se pretende que investigue.

g. **Informe y presentación:** Es la comunicación escrita, gráfica y oral de los hallazgos del estudio y los métodos aplicados.

3) **Grupos focales (*focus groups*).** Consisten en reuniones de grupos pequeños o medianos (4 a 10 personas) en las que los participantes conversan en torno a uno o varios temas en un ambiente relajado e informal bajo la conducción de un especialista. Lo que se busca es analizar la interacción entre los participantes y ver cómo se construyen significados grupalmente, a diferencia de las entrevistas cualitativas, donde se busca explorar en detalle las narrativas individuales.

Esta técnica va mucho más allá de recoger una sumatoria de opiniones individuales, ya que por tratarse de una conversación grupal se producen efectos sinérgicos. Los entrevistados (en nuestro caso, los clientes internos o externos) estimulan las respuestas de los otros participantes; luego se produce una agrupación de ejes temáticos llegándose a la "saturación de contenidos", cuando se deja de levantar más información nueva sobre un determinado tema.

Los autores Hernández, Fernández y Baptista (2010, p. 427), señalan pasos para realizar las sesiones de grupo focales:

a. Según el propósito, se determina un número de grupos y de sesiones que habrán de realizarse, así como su duración. No es recomendable que una sesión dure más de 90 minutos.

b. Se define el tipo de personas, trabajadores o perfiles de clientes que habrán de participar en la(s) sesión(es). Por ejemplo, clientes domiciliarios o clientes-pequeñas empresas o clientes-comercio, o clientes internos, etc.

c. Sobre una base de datos se selecciona un grupo personas con un perfil representativo del universo que se quiere estudiar.

d. Se confecciona una pauta de entrevista acorde con el tiempo estimado para cada sesión. Si consideramos un tiempo de dos horas, no deben ser más de 6 a 8 preguntas en el mejor de los casos. Además, hay que darles un orden o una secuencia; es recomendable partir por preguntas más generales y menos amenazantes. Si hay preguntas que requieren más confianza de los participantes se pueden dejar más al medio o definitivamente para el final de la reunión.

e. Se invita o cita a los participantes a la sesión (o sesiones) especificando su propósito, horario y lugar de la reunión, de modo de asegurar su participación. Siempre es conveniente citar a un 20 % o 30 % o más y llamarlos uno a uno para confirmar su participación presencial u online. Esto varía mucho, los trabajadores se sentirán más obligados a participar que los clientes.

f. Se organiza la logística de apoyo a la sesión o sesiones. Cada una debe efectuarse en un lugar confortable, silencioso y aislado. Los participantes deben sentirse cómodos, tranquilos, seguros y relajados, de modo que expresen su verdadera opinión.

g. El moderador de cada sesión debe ser una persona entrenada en el manejo y conducción de grupos y lo primero que tiene que hacer es crear un clima de confianza básico entre los participantes. Es aconsejable partir por agradecer la asistencia, recordar el propósito de la reunión y comunicar las reglas de participación. Es importante pedir permiso para grabar el audio o video, de lo contrario deberá tener algún ayudante que tome notas. En el caso de clientes internos, como los trabajadores de la organización, grabar puede afectar la fiabilidad de la información entregada, ya que estos pueden sentir el legítimo temor a ser totalmente honestos y sufrir consecuencias por sus opiniones; con clientes externos esto es menos probable. El o la moderador(a) debe ser una persona percibida como cercana por los participantes, siendo capaz de incentivar la intervención todos. Siempre es conveniente hacer un resumen breve de las principales ideas expuestas por cada pregunta a modo de chequeo y para validar los contenidos con los mismos asistentes. En el caso de grupos focales, especialmente con clientes externos, es común que se les entregue algún regalo como gesto de agradecimiento o posicionamiento de marca.

h. Finalmente, se elabora el reporte de la sesión o sesiones basándose en un análisis de frecuencia de contenido y agrupación por categorías con la ayuda de los softwares de análisis que permiten hacer el procesamiento cualitativo de los resultados. Para realizarlo, al igual que con otras técnicas cualitativas, se pueden utilizar las transcripciones.

Existen otras técnicas de investigación cualitativas, tales como el **análisis de documentos** y la **observación encubierta** o **Shadowing**, que consiste en asumir metafóricamente ser la sombra de un cliente —es decir, seguirlo a todas partes—, para entender su comportamiento más que sus explicaciones. Parecida a esta técnica es el uso de **clientes incógnitos.**

Estas son herramientas muy valiosas cuando estamos investigando la conducta de los usuarios o clientes externos pues son muy útiles para evaluar in situ el real uso de los nuevos procedimientos o nuevas tecnologías.

Por último, se pueden aplicar **estudios mixtos**, que combinan la aplicación de técnicas cuantitativas y cualitativas. Son altamente recomendables porque combinan las ventajas de ambos enfoques.

TEMAS COMPLEMENTARIOS

Aporte de las metodologías ágiles a los proyectos con gestión de cambio

Las metodologías ágiles se originan en los proyectos de desarrollo de software, que por definición son proyectos más técnicos, pero algunos de sus principios pueden ser un aporte a la gestión eficiente de proyectos de cambio porque se basan en la idea de trabajar en ciclos cortos e iterativos intercalando revisiones de satisfacción con los clientes, ajustando el proceso en función de las expectativas. Esta flexibilidad permite a los líderes de proyectos responder rápidamente a los cambios inesperados y aprovechar los aprendizajes emergentes.

Según De Marco (2004), este tipo de metodologías "proporciona un marco estructurado para la gestión del cambio, lo que facilita la adaptación rápida a los cambios del mercado y las necesidades de los clientes". La idea de revisiones más frecuentes con usuarios, clientes y trabajadores, puede permitir conocer su percepción, hacer mejoras y comprometerlos progresivamente.

Principios Fundamentales de las Metodologías Ágiles

Las metodologías ágiles, en su origen, se basan en principios claves, como la colaboración, la comunicación transparente, la iteración constante y la entrega de valor incremental. Estos principios se reflejan en los valores del Manifiesto Ágil (Beck et al., 2001):

a. Individuos e interacciones por encima de procesos y herramientas.
b. Software funcionando por encima de documentación exhaustiva.
c. Colaboración con el cliente por encima de la negociación de contratos.
d. Respuesta al cambio por encima de seguir un plan.

Algunos de los beneficios de las metodologías Ágiles en la Gestión de Proyectos:

- Permite a los equipos responder a los cambios inesperados y a las nuevas prioridades de forma rápida y eficiente.

- Fomenta la comunicación frecuente y transparente entre todos los miembros del equipo y el cliente.

- Los equipos deben hacer entregas con valor para el cliente de forma continua, lo que permite su validación oportuna y la adaptación a los cambios de expectativas que se puedan dar producto de los aprendizajes mutuos. Recordemos que los proyectos con gestión de cambio son un desafío adaptativo con incertidumbres y en construcción permanente.

- Reducción de riesgos. La iteración constante permite identificar y abordar riesgos de forma temprana.

- El trabajo en equipo, la autonomía y la transparencia contribuyen a un ambiente de trabajo más motivador.

Pasos para la implementación de Metodologías Ágiles:

1. Definir un propósito claro, pero flexible.

2. Definir roles y responsabilidades. Establecer roles claros para el equipo, jefe proyecto, responsables técnicos, gestión de cambio, etc.

3. Establecer Sprints. Definir ciclos de trabajo cortos de entrega o revisión de avances, con objetivos claros y alcanzables, pero flexibles.

4. Utilizar herramientas ágiles. Implementar herramientas como tableros Kanban, software de gestión de proyectos ágiles y plataformas de comunicación colaborativa.

5. Fomentar la retroalimentación. Promover la comunicación abierta y la retroalimentación apreciativa continua para mejorar el proceso y estimular el aprendizaje.

Algunos de los beneficios de las metodologías ágiles en la gestión del cambio son:

Aumento de la adaptabilidad: Los ciclos cortos de iteración permiten a los líderes de proyectos ajustar el trabajo en el camino de manera más eficiente respondiendo a desafíos que surjan durante el proceso.

Comunicación mejorada: Las metodologías ágiles fomentan la comunicación asertiva, lo que permite a los equipos trabajar juntos de forma más eficaz y abordar los problemas de manera oportuna.

Mayor flexibilidad: La naturaleza iterativa de las metodologías ágiles permite a los equipos adaptarse a los cambios inesperados reduciendo el riesgo de fracaso en el proceso de cambio, lo que evita la frustración y permite tener una sensación de logro por avances concretos y tangibles

Mejor gestión de riesgos: Al dividir el proceso de cambio en ciclos más pequeños los equipos de proyectos pueden identificar y mitigar los riesgos de desviación y pérdidas de tiempo en forma más temprana y eficiente.

¿Cuáles de estos principios te parecen se aplican más a proyectos con gestión de cambio?

Inteligencia artificial (IA) como apoyo a los proyectos con gestión del cambio.

La inteligencia artificial (IA) es una herramienta de apoyo a diversas áreas cada vez más relevante, y su utilidad se está ampliando y tiene varios usos en la gestión del cambio organizacional.

Algunos de los principales incluyen:

1. **Personalización del cambio**: Utilizando algoritmos de aprendizaje automático, la IA puede personalizar estrategias y buenas prácticas de cambio para diferentes organizaciones, o para departamentos dentro de una organización, aumentando la efectividad de las iniciativas de cambio.

2. **Monitoreo y análisis en tiempo real**: La IA puede monitorear los cambios en los KPIs claves de la implementación del proyecto en tiempo real, proporcionando datos y análisis continuos que ayudan a ajustar las estrategias según sea necesario.

3. **Automatización de procesos**: La IA puede automatizar tareas repetitivas y administrativas relacionadas con la gestión del cambio, liberando tiempo para que los miembros del equipo de proyecto se centren en aspectos más estratégicos.

4. **Evaluación del impacto**: Herramientas de IA pueden evaluar el impacto de las iniciativas de cambio en tiempo real, midiendo métricas claves y proporcionando información sobre la efectividad del cambio.

5. **Comunicación y soporte**: Chatbots y asistentes virtuales pueden ayudar a comunicar los cambios de manera efec-

tiva, responder preguntas frecuentes y proporcionar soporte continuo a los empleados durante la transición.

6. **Detección de resistencia**: La IA puede identificar patrones de resistencia al cambio mediante el análisis de datos de comportamiento y comunicación, permitiendo a los líderes abordar estos problemas de manera proactiva.

7. **Capacitación y desarrollo**: Plataformas impulsadas por IA pueden ofrecer programas de capacitación personalizados, ayudando a los empleados a adaptarse a nuevos roles y responsabilidades derivados del cambio.

Estos usos de la IA pueden hacer que el proceso de gestión del cambio sea más eficiente, preciso y adaptable a las necesidades específicas de la organización

La gestión del cambio después del proyecto con gestión de cambio

Muchos proyectos de cambio tienen un final en el que el equipo de cambio se desmantela, los consultores se retiran y todos quienes lo integraron deben, o deberían, volver a sus antiguas funciones. Quizás decir esto es una obviedad, hay que considerar algunos puntos en la gestión del cambio post-proyecto que permitan asentar el cambio.

Al final de un proyecto se abre otra etapa que consiste en el desafío de consolidar el cambio. Durante esta etapa hay que monitorear a los trabajadores o usuarios que aún no utilizan bien las nuevas tecnologías y/o los nuevos procedimientos u otros. También es necesario evaluar cómo están trabajando en equipo o si venden o promocionan los nuevos productos y servicios.

Es importante considerar que los seres humanos tendemos a volver a usar lo que nos resulta más conocido y/o lo que en el pasado nos dio buenos resultados. Es decir, tendemos a volver a los antiguos patrones de comportamiento, a mantener las viejas creencias asentadas por la historia personal o profesional. De modo que no sólo debemos preocuparnos de los trabajadores y clientes que después del cambio aún no han comenzado a adoptar las nuevas prácticas, también hay que evaluar y monitorear a los que inicialmente adoptaron los cambios para que no vuelvan atrás, para que no retomen esos antiguos hábitos, como por ejemplo en el caso de los ERP, que no vuelvan al archivo en la vieja planilla MS Excel.

Si el proyecto implicó meses o años, hay que considerar varios aspectos. Los miembros de la organización que participaron en el proyecto en dedicación exclusiva debieran volver a sus antiguos puestos, pero quizás sus cargos fueron remplazados por otras personas con buenos desempeños o los puestos ya no existen.

Todo esto depende, además, de cuál es la evaluación final que hace el equipo gerencial y el directorio de la organización acerca de la eficiencia de la implementación del proyecto. También puede haber críticas negativas acerca de cómo se gestionó el cambio para que los trabajadores o usuarios adopten las nuevas prácticas. Si esto es así, como sucede en muchos proyectos, es muy probable que los miembros del equipo del proyecto no sean reincorporados y que se vayan de la organización llevándose con ellos aprendizajes importantes, lo que justifica más aun el definir qué se espera lograr y medirlo.

Responsabilidad social y obsolescencia laboral

Como es de común conocimiento, estamos viviendo lo que algunos autores denominan la cuarta revolución industrial —o revolución digital—, que es una conjunción entre la automatización, la robotización y otros cambios tecnológicos, como la omnipresencia de la conectividad wifi y las redes de internet, la alta capacidad de almacenamiento en la nube (Cloud), la biotecnología y la IA, entre otras. Esta revolución está teniendo un significativo impacto económico y social, produciendo mejoras en eficiencia para muchas organizaciones, pero implicando también la destrucción de otras. A esto hay que sumarle los puestos de trabajo y los oficios que la IA esta eliminando. Todo lo anterior tiene múltiples repercusiones en el mundo del trabajo, cambiando o eliminado definitivamente funciones, cargos y profesiones.

Primero desaparecieron oficios y puestos de trabajo más simples y/o rutinarios, como operarios de manufacturas que fueron remplazados por robots; luego siguieron los cajeros, los operadores de estaciones de combustible, secretarias, vendedores y personal de atención telefónica, que fueron remplazados por "bots", entre otros.

Lo anterior provoca desafíos y resistencias nuevas. Surgen legítimos miedos a la obsolescencia profesional y cierta renuencia a la necesidad de "reinventarse", lo que a su vez provoca resistencia al cambio por parte de los trabajadores y de los sindicatos, además de la preocupación de los organismos reguladores, como la Inspección del Trabajo en Chile.

También existe preocupación en las comunidades, partidos políticos y otros. Entre los temas que preocupan a todos están los cuestionamientos que se hacen acerca de la responsabilidad sobre los costos de la reconversión laboral. Muchas organizaciones, si bien tienen fines de lucro, necesitan tener una mirada sostenible, más de largo plazo, y cuidar su reputación en tanto capital intangible. Aquí entra en escena el **upskilling** y el **reskilling**, que ya revisamos.

REFLEXIÓN FINAL

Hemos revisado que la evaluación de la efectividad de un proyecto de gestión de cambio depende de qué tipo de desafío enfrentamos. Si se trata de un cambio únicamente a nivel técnico, la evaluación económica es relativamente fácil pues el beneficio y los criterios de efectividad están definidos a priori por el proveedor. Si, por el contrario, el cambio es adaptativo (psicosocial) o es adaptativo-técnico (psico-socio-técnico), el propósito y los objetivos para evaluar pueden ser definidos en un comienzo, pero luego necesitarán ser revisado y redefinidos. Medir es parte clave para medir la eficiencia, controlar las desviaciones y, sobre todo, aprender e innovar. Esto porque el desafío del cambio implica incertidumbre, aprendizaje y experimentación, pues el resultado final no está necesariamente definido con seguridad. Tampoco el camino, porque el cambio incluye aprendizaje. Por lo tanto, la forma y los criterios a evaluar pueden variar, pero eso no significa que no haya que hacer un esfuerzo inicial de definir beneficios que puedan ser contrastados al final y sirva como elemento orientador y motivador.

Hemos revisado también que es fundamental evaluar durante el proceso de cambio para mantener y cuidar la efectividad. La mayoría de los naufragios se han producido porque los barcos se desviaron de su ruta y no pudieron reaccionar a los imponderables. Los estudios demuestran que muchos proyectos de cambio fracasan o su efectividad no es clara porque no cuidamos el viaje o el proceso. Esto sucede, en parte, porque no quedó claro qué se buscaba lograr o no se tuvieron en cuenta las variables más críticas del proyecto, o porque no se contaba con una retroalimentación ágil. Otra causa posible es que los encargados de evaluar la efectividad y/o la eficiencia no fueron involucrados en el trayecto.

Por último, podemos también evaluar al final, con criterios balanceados, el aporte o el impacto en los resultados operacionales con modelos estadísticos y determinar cómo la gestión del cambio impactó en el resultado operacional, por ejemplo a través del indicador financiero EBITDA.

Igualmente, podemos evaluar la efectividad de la gestión del cambio en el impacto en otros activos llamados "intangibles", como la reputación o la valoración de los clientes, así como en el aprendizaje de los individuos y de los equipos o de la organización en general. Estos cambios son parte del llamado capital intelectual, acervo que muchas veces se refleja en el valor de las acciones de una compañía.

Finalmente, no todo proyecto con gestión de cambio implica cambios en toda la organización, ni se da únicamente en organizaciones grandes. Puede que el proyecto afecte sólo a un área o se aplique en una organización pequeña, incluso en comunidades u otras asociaciones. Lo principal es comprender que el valor del proyecto de cambio depende de la asimilación del cambio por parte de las personas.

Desafío al lector, para una reflexión final:

¿Recuerdas las preguntas al final de los casos? Revísalas e identifica en qué ha cambiado tu respuesta. ¿Qué aspectos nuevos destacarías?

BIBLIOGRAFÍA

Ávila-Fuenmayor, Francisco El concepto de poder en Michel Foucault Telos, vol. 8, núm. 2, mayo-agosto, 2006, pp. 215-234 Universidad Privada Dr. Rafael Belloso Chacín Maracaibo, Venezuela

Bloom, B.S., Engelhart, M.D., Furst, E.J., Hill, W.H. y Krathwohl, D.R. (1956). Taxonomy of educational objectives. The classification of the educational goals. Handbook I: Cognitive domain. New York, EE.UU.: David McKay.

Gladwell, M. (2009). *Valores atípicos*, N York, Back Bay Books.

Granel María (2020) EBITA que, su cálculo y análisis, en Blog Rankia https://www.rankia.cl/blog/analisis-ipsa/3931236-ebitda-que-calculo-analisis

Hernández, Roberto; Fernández Carlos; Baptista, María del Pilar (2010): Metodologías de la investigación, quinta edición, México DF, México Mc Graw Hill.

Heifetz,R.A. ; Lingsky,M. (2003) Liderazgo sin límites, manual de supervivencia para managers, Paidos Ibérica Barcelona, España.

Losada, M., & Heaphy, E. (2004). The role of positivity and connectivity in the performance of business teams: A nonlinear dynamics model. American Behavioral Scientist, 47(6), 740-765.

Martin-Párraga J. y Garrido-Anguita J.M. (2021) De Platón al homo tecnologicus: Las humanidades en el siglo XXI, Madrid Editorial Tirant Lo Blanch.

Marzano, R. J. y Kendall, J.S. (2007). The new taxonomy of educational objectives. California, EE. UU.: Corwin Press.

Nonaka, I. (1994). A Dynamic Theory of Organizational Knowledge Creation. Institute for operations research and the management sciences, 5 (1), 14-37. Nonaka, I., & Takeuchi, H. (1995). The knowledge creating company. New York: Oxford University Press.

PROSCI https://www.prosci.com/resources/articles/roi-change-management

PROSCI https://www.prosci.com/resources/articles/roi-of-change-management-connecting-to-project-benefits

Kavale Steiner (2011) Las entrevistas en Investigación Cualitativa. Madrid España. Ediciones Morata S.L.

Kirkpatrick, DL y Kirkpatrick, JD (2007). *Implementación de los cuatro niveles*, Berrett-Koehler Publishers.

Knowles, Malcome. S. (1968). Andragogy, not pedagogy. *Adult Leadership, 16*(10), 350–352, 386.

Ulsen Jorge (2019) https://www.hrconnect.cl/desarrollo/4-maneras-de-medir-el-impacto-del-cambio-de-manera-integrada/amp/

Bravo, Juan (2011, p. 31) Gestión de procesos, alineados con la estrategia (cuarta edición p.31) Santiago, Chile, Editorial Evolución S.A.

Chandler, Alfred (1962) Strategy and structure; chapters in the History of the American industrial Enterprise, MIT press, Massachusetts.

Covey, S. R. (2013). Los 7 hábitos de las personas altamente efectivas: lecciones poderosas en el cambio personal. Nueva York,

NY: Simon & Schuster. 7ma (séptima) edición Covey, S. R. (2013).

Chaos Report (2015).

https://www.standishgroup.com/sample_research_files/CHAOSReport2015- Final.pdf

Fayol, Henry 1949. "Administración General e Industrial". Traducido por C. Storrs, Sir Isaac Pitman & Sons, Londres.

Foster, Richard N. (1986) Innovation: The Attacker's Advantage Edit. Macmillan, Virginia USA.

Hax, Arnold y Majluf, Nicolas (1996) Gestión de empresas con una visión estratégica. (cuarta edición p.25) Santiago, Chile Ediciones Dolmen.

Hammer M., Champy J., 2000. Reengineering – radikální proměna firmy: manifest

revoluce v podnikání, Praha, Management Press.

Jørgensen HH, News A (2007) Hoja de ruta para la gestión del cambio: Empirie trifft Erfahrung. Zeitschrift für Organisationsentwicklung (2): 87–89.

Pellón, R. (2013). Watson, Skinner y Algunas Disputas dentro del Conductismo. Revista colombiana de psicología, 22(2), 389-399.

Perry Keenan, Harold L. Sirkin, Alan Jackson (2005) El lado duro de la gestión del cambio Harvard Business Review, ISSN 0717-9952, Vol. 83, Nº. 10, 2005 (Ejemplar dedicado a: Cerrar la brecha del talento), págs. 6-89.

Porter (1996) Ventaja competitiva, creación y sostenimiento de un desempeño superior (Decimo segunda impresión, P.52) Ciudad de México, México.

Real Academia Española https://dle.rae.es/efectividad.

Rodríguez, Darío (2011) Gestión Organizacional, elementos para su organización (quinta edición, pp. 74) Santiago, Chile, Ediciones Universidad Católica de Chile.

Schein, Edgar (1988). La cultura empresarial y el liderazgo. Una visión dinámica. Primera edición Barcelona España Plaza & Janes Editores. P.

Schiemann, W. (1992). Why change fails. Across the Board, April, 53-54.

Schwab, Klaus (2016) la cuarta revolución industrial 1°. Ed Editorial Debate.

Smith Kelly (2024) https://www.prosci.com/es/blog/porque-fracasa-gestion-del-cambio

Vygotsky, L. S. (1978): Mind in society: The development of higher psychological processes, Harvard University Press, Cambridge, MA, USA.

Correa, Ana (2019) https://www.anacorrea.es/tag/indicador-de-percepcion/

Covey, Stephen (2010) los siete hábitos de la gente altamente efectiva (2a Ed. p. 65) Buenos Aires Argentina.

Kaplan, Robert S. y David P. Norton, (1996) The Balanced Scorecard: Translating Strategy into Action, Boston, MA USA: Harvard Business School Press,

Ulsen, Jorge de HR Connect, (https://www.hrconnect.cl/desarrollo/4-maneras-de-medir-el-impacto-del-cambio-de-manera-integrada/)

Indicadores de gestión: Definición, elaboración e interpretación con ejemplo práctico https://ingenioempresa.com/indicadores-una-guia-incompleta/

Cepal (2009) Manual para el Diseño y la Construcción de Indicadores.

https://www.cepal.org/ilpes/noticias/paginas/0/35060/indicado resdesempenoarmijom.pdf

CONEVAL Consejo Nacional de Evaluación de la Política de Desarrollo Social (2014) Manual para el Diseño y la Construcción de Indicadores. Instrumentos principales para el monitoreo de programas sociales de México, (P.21 DF México).

https://www.coneval.org.mx/Informes/Coordinacion/Publicacion es %20oficiales/MANUAL_PARA_EL_DISENO_Y_CONTRUCCION_ DE_INDICADORES.pdf

Correa Ana (2018) https://www.anacorrea.es/indicador-percepcion/

Charles T. rngren, Srikant M. Datar, Madhav V. Rajan (2012) Contabilidad de costos, un enfoque gerencial (p 183) Ciudad de México, México

Gbegnedji Gladys (2012)

https://whatisprojectmanagement.wordpress.com/2012/12/03/e stimar-los-costos-del-proyecto/

Lewin Kurt (1988) La teoría del campo en la ciencia social, Paidós, España.

Kotter John P. (2012) Liderando el cambio, Harvard Business Review Press, Nueva York, Isbn 1422186431

Ulsen Jorge en https://www.hrconnect.cl/desarrollo/4-maneras-de-medir-el-impacto-del-cambio-de-manera-integrada/

Licardi Sharon (2023) https://blog.hubspot.es/marketing/gestion-de-cambio

APUNTES DEL LECTOR